KB214005

Q 하이! 코리안

Hi! KOREAN

Student's Book

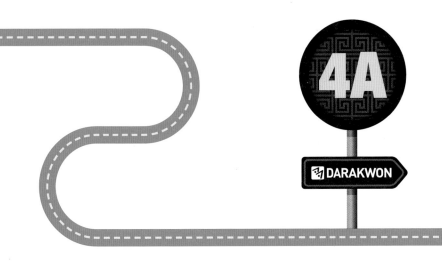

4A

DARAKWON

머리말

한국어 수업 현장에서 만나는 학습자들에게 한국어를 배우는 이유를 물으면 으레 '한국 문화가 좋아서'라고 답합니다. 어찌 보면 우문에 현답 같은 이 말 속에는 언어와 문화의 관계에 대해 굳이 거창하게 언급할 필요도 없을 만큼 이미 많은 것이 담겨 있으며, 이는 한국어 학습의 가장 기초적인 도구이자 관문이 될 수 있는 교재를 만들고자 할 때 좋은 길잡이가 되어 준 동시에 큰 숙제이기도 했습니다. 더불어 '활자 상실의 시대'라는 말이 과하지 않을 정도로 영상 콘텐츠가 대세인 환경에서 한국어 학습에 다시금 교재의 필요성과 중요성을 확인시켜야 할 의무감도 있었습니다. "Hi! Korean"은 이러한 고민들 속에서 시작되었고 여러 집필진들의 노력 끝에 출간하게 되었습니다.

본 교재는 말하기·듣기·읽기·쓰기 영역의 통합 교재로 다양한 교육 기관에서 정규 과정에 활용할 수 있도록 구성하였습니다. 또한 교육 기관을 통하지 않고 한국어를 배우고자 하는 개인 학습자들도 고려하여 교재만으로도 한국어를 학습하는 데 큰 어려움이 없도록 주의를 기울였습니다. 기본적으로는 초급부터 고급까지 구성의 일관성을 유지하며 말하기·듣기·읽기·쓰기 영역을 유기적으로 제시하되 각 단계별 특징을 고려하여 구성에 일부 차이를 두었습니다. 특히 듣기와 읽기를 과마다 제시하는 대신 과별 분리 제시하여 영역별 학습 집중도를 높이고 동일한 구성이 가져올 수 있는 지루함도 다소 덜어 내고자 하였습니다. 또한 듣기와 읽기 학습 시 문제 풀이 중심에서 벗어나 말하기로 정리하게 함으로써 의사소통 역량을 키우는 데 중점을 두었습니다. 더불어 기능별 심화 학습이 이루어질 수 있도록 초급과 고급까지 대단원마다 쓰기 및 말하기 항목을 따로 두어 초급과 중급에서 체계적으로 학습하고, 이후 고급의 심화 단계에서 응용할 수 있도록 하였습니다. 마지막으로 단원의 주제와 내용을 통해 한국의 오늘을 보다 현실감 있게 보여 주려고 노력하였는데, 이때 실제로 언어가 사용되는 환경과 동떨어지지 않으면서 동시에 학습에 적합한 내용을 제시하기 위해 내용은 물론 사진이나 삽화 등의 선택에도 끊임없이 고민하였습니다. 이러한 노력은 결국 이 책을 사용하여 한국어의 아름다움과 마주하게 될 미지의 학습자들을 위한 것으로 그들의 학습 여정에 도움이 될 수 있었으면 합니다.

서두에 밝힌 바와 같이 크고 무거운 숙제를 안고 교재 출간이 기획되었고 오랜 기간 여러 선생님들의 헌신과 노력 끝에 "Hi! Korean"이 완성되었습니다. 본 교재는 전·현직 홍익대학교 국제언어교육원의 한국어 교사들이 중심이 되어 기획 및 집필의 모든 과정을 함께 하였는데 쉼없이 강의와 집필을 병행하시느라 고생하신 선생님들께 감사드립니다. 또한 옆에서 항상 응원해 주신 홍익대학교 국제언어교육원 동료 선생님들과 처음부터 끝까지 모든 과정에서 세심하게 챙겨 주시고 이끌어 주신 정은화 선생님께 깊은 감사를 드립니다. 마지막으로 편집 및 출판을 맡아 주신 다락원 관계자분들께도 감사의 말씀을 전합니다.

2023년 11월
저자 대표 이 현 숙

일러두기

〈Hi! Korean Student's Book 4〉는 '1단원~12단원'으로 구성되어 있고 한 단원은 '소단원 1, 2, 한 단계 오르기'로 이루어져 있다. '소단원 1'은 '문법, 대화, 어휘와 표현, 듣고 말하기 1, 2', '소단원 2'는 '문법, 대화, 어휘와 표현, 읽고 말하기 1, 2', '한 단계 오르기'는 '생각해 봅시다, 어휘 늘리기, 실전 말하기, 실전 쓰기'로 구성되었다.

소단원 1, 2

도입 → 문법 → 대화 → 어휘와 표현 → 듣고 말하기 1 → 듣고 말하기 2

어휘와 표현 → 읽고 말하기 1 → 읽고 말하기 2

한 단계 오르기

- 생각해 봅시다
- 어휘 늘리기
- 실전 말하기
- 실전 쓰기

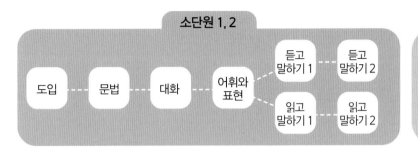

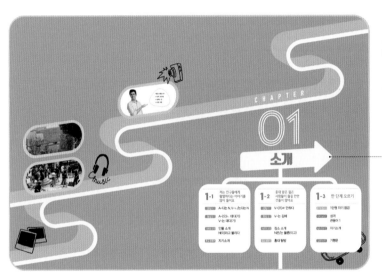

단원 소개

단원의 주제와 학습 목표를 알려 준다.

소단원 1, 2

도입

학습할 내용을 추측할 수 있도록 주제와 관련된 사진과 질문을 제시한다.

문법   '문법 제시', '연습', '활동'으로 구성된다.

소단원마다 2개의 목표 문법을 제시한다. 상황 제시 대화, 도식화된 문형 정보, 예문을 제시하여 목표 문법에 대한 이해를 돕는다. 연습과 활동을 통해 목표 문법의 활용을 연습한다.

대화

단원의 목표 문법으로 구성된 대화를 관련된 그림과 함께 제시한다.

어휘와 표현

단원의 주제와 관련된 어휘와 표현을 그림이나 사진, 의미와 함께 제시하고 간단한 문제를 통해 이해했는지 확인한다.

듣고 말하기 1, 2로 구성되어 있다.

사진과 그림을 이용한 사전 활동, 내용 이해 중심의 듣기 활동, 듣기 내용과 연계된 말하기 활동으로 이루어진다. '듣고 말하기 1'이 '듣고 말하기 2'를 하기 위한 준비 활동이 될 수 있도록 구성하였다.

읽고 말하기 1, 2로 구성되어 있다.

사진과 그림을 이용한 사전 활동, 내용 이해 중심의 읽기 활동, 읽기 내용과 연계된 말하기 활동으로 이루어진다. '읽고 말하기 2'는 '읽고 말하기 1'의 내용을 연계해 확장되도록 구성하였다.

한 단계 오르기

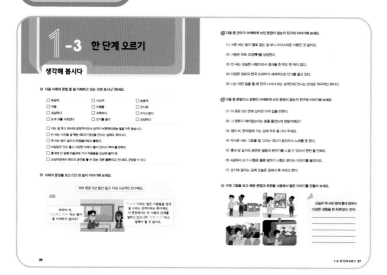

생각해 봅시다

단원에서 학습한 '어휘와 표현' 및 '문법'을 확인하고 어색한 문장을 고치는 연습을 통해 이해도를 점검한다. 단원의 주제와 관련된 짧은 이야기를 만들며 배운 내용을 종합해 볼 수 있도록 한다.

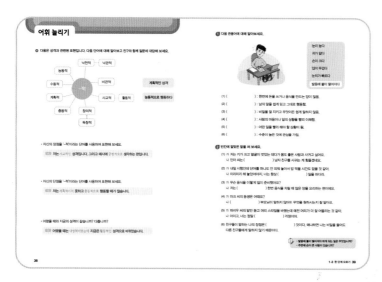

어휘 늘리기

단원의 주제와 관련된 어휘를 확장하는 부분과 관용어, 속담 등을 학습하는 부분으로 이루어져 있다.

실전 말하기

각 단원의 주제와 관련된 유의미한 말하기 텍스트를 제시한다. 말하기에 사용하기 좋은 표현을 함께 제시하여 실제로 연습해 볼 수 있도록 한다.

실전 쓰기

실전 쓰기

기행문

◎ 여행 일정, 보고 느낀 것, 전체적인 감상 쓰기

9월 1일, 나와 엄마는 바다와 물고기를 보기 위해 아침 비행기를 타고 제주도로 출발했다.

제주도에 도착하자마자 가장 먼저 제주 아쿠아 수족관으로 갔다. 아쿠아 수족관에는 정말 다양한 물고기들이 있었다. 물고기들을 보니 내 마음이 시원해지는 것 같았다. 다음 일정은 성산일출봉이었다. 출발하기 전에는 비가 오고 바람이 불어서 걱정했지만 다행히 도착할 때는 날씨가 좋아졌다. 성산일출봉 위에 올라가서 본 바다 색깔이 아주 파란 데다가 공기도 맑아서 스트레스가 다 풀리는 것 같았다. 마지막 날 아침에 우리는 제주도의 유명한 음식인 흑돼지 고기를 먹고 다시 제주공항으로 갔다. 시간이 빨리 가서 아쉬웠다.

짧은 일정(3)이었지만 제주도의 아름다운 풍경을 느낄 수 있어 좋았다. 그리고 왜 사람들이 제주도를 한국을 대표하는 여행지라고 하는지 알 수 있었다.

◎ 문장 구성

내용	세부 내용
일정 여행 목적	· 여행 시간(언제), 사람(누구와), 장소(어디로) · 여행의 목적 · 여행지로 가는 교통편
여행할 때 들른 곳	· 여행지에서의 날씨 · 여행지에서 들른 곳
여행지에서 본 것과 느낀 것, 알게 된 것	· 그곳에서 본 것과 느낀 것
전체적인 감상	· 여행하면서 전체적으로 느낀 점과 새롭게 알게 된 것

42

◎ 다음은 빈이 서울 투어를 한 후에 SNS에 올린 사진입니다. 메모를 보고 탐방기를 간단히 작성해 보세요.

(1) 5월 2일 월요일 아침 나는 _____
· 5월 2일 월요일 아침
· 같은 반 친구두 명과 함께
· 서울의 풍경을 구경함
· 서울 시티 버스 탑승

(2) 가장 먼저 도착한 곳은 _____
· 인사동
· 맑은 날씨
· 기념품 구경

(3) 다음 일정은 _____
· 경복궁
· 한복을 입어 봄
· 사진 찍기에 좋았음

(4) 마지막으로 _____
· 광장 시장
· 전통적 음식 먹음
· 맛있었음

(5) 짧은 일정이었지만 _____
· 포근한 봄 날씨가 좋았다는 느낌
· 한국의 전통적인 건물과 전체적인 아름다움을 알게 됨

수족관 교통편

1-3 한 단계 오르기 43

각 단원의 주제와 관련된 유의미한 쓰기 텍스트를 제시한다. 기능에 맞는 표현을 함께 제시하여 실제로 연습해 볼 수 있도록 한다.

부록

정답, 듣기 대본, 어휘 색인을 제공하여 학습한 내용을 확인할 수 있게 한다.

목차

머리말 ·· 2

일러두기 ·· 3

목차 ··· 8

교재 구성표 ····································· 10

Chapter 01	소개	1-1	저는 친구들에게 활발하다는 이야기를 많이 들어요 ········ 16
		1-2	홍대 앞은 젊은 사람들이 즐길 만한 것들이 많아요 ······· 26
		1-3	한 단계 오르기 ·· 36

Chapter 02	직업	2-1	졸업하는 대로 취직을 한다든가 유학을 간다든가 할 거예요 46
		2-2	선생님의 조언에 따라서 크리에이터가 되었으면 해요 ······ 56
		2-3	한 단계 오르기 ·· 66

Chapter 03	건강한 생활	3-1	너무 스트레스를 받은 나머지 잠을 못 잤어요 ············· 76
		3-2	우유를 마시기만 하면 배탈이 나곤 해요 ················· 86
		3-3	한 단계 오르기 ·· 96

Chapter **04**	소통과 배려	**4-1** 두 사람 사이가 얼마나 나쁜지 서로 말도 안 해요	106
		4-2 옆집 사람들이 밤늦도록 떠들어 대서 힘들어요	116
		4-3 한 단계 오르기	126
Chapter **05**	환경	**5-1** 지구 온난화가 심해진 탓에 기후 변화가 나타나고 있어요	136
		5-2 일회용품을 계속 사용하다가는 환경 오염이 심해질 게 뻔해요	146
		5-3 한 단계 오르기	156
Chapter **06**	정보화 사회	**6-1** 일을 하면서 아이를 셋이나 키우다니, 대단해요	166
		6-2 사실이 아닌데도 사실인 것처럼 이야기해요	176
		6-3 한 단계 오르기	186
부록		정답	196
		듣기 대본	208
		색인	213

교재 구성표

단원		문법	어휘와 표현	활동	

01
소개
	1-1 저는 친구들에게 활발하다는 이야기를 많이 들어요	• A-다는 N
		  V-ㄴ/는다는 N
		• A-(으)ㄴ 데다(가)
		  V-는 데다(가)
			• 인물 소개
			• N(이)라고 불리다
				듣고 말하기
				자기소개	

	1-2 홍대 앞은 젊은 사람들이 즐길 만한 것들이 많아요	• V-(으)ㄹ 만하다 • V-는 김에	• 장소 소개 • N은/는 물론(이고)	**읽고 말하기** 홍대 탐방	
	1-3 한 단계 오르기	**생각해 봅시다** • 1단원 자기 점검	**어휘 늘리기** • 성격 • 관용어 1	**실전 말하기** 자기소개	**실전 쓰기** 기행문
02 직업	**2-1** 졸업하는 대로 취직을 한다든가 유학을 간다든가 할 거예요	• V-는 대로 • A-다든가 하다 V-ㄴ/는다든가 하다	• 직업의 선택 • N을/를 살리다	**듣고 말하기** 취업 상담	
	2-2 선생님의 조언에 따라서 크리에이터가 되었으면 해요	• N에 따라서 • A/V-았/었으면 하다	• 다양한 직업의 세계 • N은/는 N과/와 N(으)로 나뉘다	**읽고 말하기** 취미가 직업이 되는 세상	
	2-3 한 단계 오르기	**생각해 봅시다** • 2단원 자기 점검	**어휘 늘리기** • 직업 • 속담 1	**실전 말하기** 발표하기	**실전 쓰기** 자기소개서
03 건강한 생활	**3-1** 너무 스트레스를 받은 나머지 잠을 못 잤어요	• A/V-(으)ㄴ 나머지 • A/V-(으)ㄹ지도 모르다	• 스트레스와 건강 • N에/에게 (지나치게) 신경(을) 쓰다	**듣고 말하기** 스트레스 해소	
	3-2 우유를 마시기만 하면 배탈이 나곤 해요	• V-기만 하면 • V-곤 하다	• 우리 몸 이야기 • V-는 데(에) 도움이 되다	**읽고 말하기** 나의 첫 한의원 체험기	
	3-3 한 단계 오르기	**생각해 봅시다** • 3단원 자기 점검	**어휘 늘리기** • 스트레스 증상 • 사자성어 1	**실전 말하기** 증상 설명하기	**실전 쓰기** 비교하기

단원			문법	어휘와 표현	활동	
04 **소통과 배려**	4-1	두 사람 사이가 얼마나 나쁜지 서로 말도 안 해요	• V-는 둥 마는 둥 하다 • 얼마나(어찌나) A-(으)ㄴ지/V-는지 (모르다)	• 비난과 비판 • V-(으)ㄹ 게 아니라	**듣고 말하기** 상처의 말	
	4-2	옆집 사람들이 밤 늦도록 떠들어 대서 힘들어요	• V-도록 • V-아/어 대다	• 이웃과의 갈등 • N에 따르면	**읽고 말하기** 층간 소음	
	4-3	한 단계 오르기	**생각해 봅시다** • 4단원 자기 점검	**어휘 늘리기** • 연어(받다/겪다) • 사자성어 2	**실전 말하기** 의견 말하기	**실전 쓰기** 주장하기
05 **환경**	5-1	지구 온난화가 심해진 탓에 기후 변화가 나타나고 있어요	• A-(으)ㄴ 탓에 • V-는 탓에 • N조차	• 기후 위기 • N(으)로 인해	**듣고 말하기** 지구 온난화 「6도의 멸종」	
	5-2	일회용품을 계속 사용하다가는 환경 오염이 심해질 게 뻔해요	• V-다가는 • A/V-(으)ㄹ 게 뻔하다	• 환경 보호 • A/V-(으)므로	**읽고 말하기** 쓰레기, 버리기 전에 줄이기부터	
	5-3	한 단계 오르기	**생각해 봅시다** • 5단원 자기 점검	**어휘 늘리기** • 자연재해 • 관용어 2	**실전 말하기** 원인과 이유 설명하기	**실전 쓰기** 현황과 원인
06 **정보화 사회**	6-1	일을 하면서 아이를 셋이나 키우다니, 대단해요	• V-(으)ㄴ 채로 • A/V-다니	• 뉴스와 사회 • N을/를 대상으로 N에 대해 조사하다	**듣고 말하기** 사회적 이슈	
	6-2	사실이 아닌데도 사실인 것처럼 이야기해요	• A-(으)ㄴ데도 V-는데도 • A-(으)ㄴ 듯하다 V-는 듯하다	• 1인 미디어 • N이/가 N을/를 차지하다	**읽고 말하기** 이제는 1인 미디어 시대	
	6-3	한 단계 오르기	**생각해 봅시다** • 6단원 자기 점검	**어휘 늘리기** • SNS • 속담 2	**실전 말하기** 정보 전달하기	**실전 쓰기** 설문조사

카린

일본인, 간호사

첸

중국인, 유학생

파티마

이집트인, 회사원

엠마

미국인, 요리사

올가

러시아인, 주부 / 디자이너

레나

호주인, 유학생

마크

프랑스인, 모델

빈

베트남인, 크리에이터

김민아

한국인, 대학생

박서준

한국인, 대학생

이지은 선생님

한국인, 선생님

파비우

브라질인, 유학생

저를 소개합니다!

● 성격, 장단점

● 잘하는 것

● 성장 과정

music

CHAPTER

01

소개

1-1 저는 친구들에게 활발하다는 이야기를 많이 들어요

문법 1   A-다는 N
          V-ㄴ/는다는 N

문법 2   A-(으)ㄴ 데다(가)
          V-는 데다(가)

어휘와 표현   인물 소개
              N(이)라고 불리다

듣고 말하기   자기소개

1-2 홍대 앞은 젊은 사람들이 즐길 만한 것들이 많아요

문법 1   V-(으)ㄹ 만하다

문법 2   V-는 김에

어휘와 표현   장소 소개
              N은/는 물론(이고)

읽고 말하기   홍대 탐방

1-3 한 단계 오르기

생각해 봅시다   1단원 자기 점검

어휘 늘리기   성격
              관용어 1

실전 말하기   자기소개

실전 쓰기   기행문

저를 소개합니다!
- 성격, 장단점
- 잘하는 것
- 성장 과정

- 어렸을 때 어떤 별명이 있었습니까?
- 주변 사람들은 여러분에 대해 어떻게 말합니까?

문법 1

A-다는 N   V-ㄴ/는다는 N

마크 씨는 어떻게 지낸대요?

마크 씨가 요즘 바쁘다는 말을 들었어요.

듣거나 본 사실을 말하거나 생각하는 내용을 담아 뒤에 오는 명사를 꾸며 줄 때 사용한다.

마크 씨가 요즘 **바쁘다는**　　　　　　　　**말**　　　　　　　을 들었어요.

↓　　　　　　　　　　　　　　　↓

- 듣거나 본 내용
- 생각한 내용

- 말, 이야기, 소식, 뉴스, 소문…
- 생각, 걱정, 고민, 것…

- 한국어의 받침 발음이 **어렵다는 생각**이 들어요.
- 그 가게가 문을 **닫는다는 소식**을 듣게 되었다.
- 친구가 고향에 **돌아갔다는 이야기**를 들었어요.
- 다음 달부터 전기 요금이 **오를 거라는 뉴스**를 봤다.
- 성공은 실패의 **어머니라는 말**이 있다.

연습

● 문장을 만들어 보세요.

(1) 오늘 오후 / 바람이 많이 불다 / 일기 예보를 보다

　→ _____

(2) 지난 방학 / 빈 씨가 부산에 다녀오다 / 이야기를 듣다

　→ _____

(3) 앞으로 / 열심히 수업을 듣다 / 생각이 들다

　→ _____

활동

1 보기 와 같이 이야기해 보세요.

보기 빈 씨의 구독자 수가 늘고 있다, 이야기   구독자 수가 몇 명이나 되다

> 빈 씨의 구독자 수가
> 늘고 있다는 이야기
> 들었어요?

> 그래요? 구독자 수가
> 몇 명이나 된대요?

(1) 돼지고기 값이 인상되다, 뉴스   다른 고기 값도 오르다

(2) 카린 씨가 다음주 토요일에 댄스 공연을 하다, 이야기   어디에서 하다

(3) 레나 씨가 한국에 돌아왔다, 소식   (   )

(4) (   ), 소문   다른 친구들도 알고 있다

2 요즘 본 인터넷의 글 중에서 기억에 남는 것이 있습니까?
그 글을 보고 어떤 생각을 했는지 말해 보세요.

보기

인터넷 내용 물을 충분히 마시는 것은 피부 건강에 도움을 준다고 한다. 그런데 물을 지나치게 많이 마시면 얼굴이나 몸이 붓는 경우도 있기 때문에 적당한 양을 마셔야 한다.

> 물을 충분히 마시는 것이 피부 건강에 도움을 준다는 글을 봤어요.
> 앞으로 물을 많이 마시도록 노력해야겠다는 생각이 들었고 지나치게 많이
> 마시면 오히려 좋지 않고 적당히 마셔야 된다는 것도 알게 됐어요.

인터넷 내용

_____

_____

_____

문법 2

A-(으)ㄴ 데다(가) V-는 데다(가)

이 노트북이 어때요?

이 노트북은 디자인이 예쁜 데다가 휴대하기도 편해요.

앞의 상황이나 상태에 뒤의 것을 더하여 말할 때 사용한다. 하나의 주제에 대해 말하며 앞, 뒤 내용이 같은 태도를 가지고 있어야 한다.

이 노트북은	디자인이 **예쁜 데다가**	휴대하기도 편해요.
	↓	↓
	앞의 내용 (상황이나 상태)	추가할 내용

- 학교 앞 분식집은 음식 맛이 **좋은 데다가** 값도 저렴해요.
- 오늘은 눈이 **오는 데다가** 바람도 불어서 너무 춥다.
- 그 영화는 음악이 **신나는 데다** 배우들의 연기도 훌륭한 것 같아요.
- 저는 **내성적인 데다** 밖에 나가는 것도 싫어해요.

연습

● 문장을 만들어 보세요.

(1) 흡연을 하다 / 건강에 나쁘다 / 돈도 많이 들다

→ _____

(2) 따뜻한 차 / 감기에 효과가 있다 / 피로도 풀어 주다

→ _____

(3) 지난번에 지냈던 호텔 / 시설이 낡다 / 서비스도 엉망이다

→ _____

활동

1 보기 와 같이 이야기해 보세요.

보기 파비우 씨는 친구들에게 인기가 많다   재미있다, 친절하다

왜 파비우 씨는 친구들에게
인기가 많아요?

재미있는 데다가 친절해서
친구들에게 인기가 많아요.

(1) 그 드라마가 상을 받았다   내용이 감동적이다, 배우들의 연기도 뛰어나다

(2) 스마트폰 게임을 안 하다   시간이 낭비되다, 눈도 나빠지다

(3) 카페에서 아르바이트를 하다   돈을 벌 수 있다, (   )

(4) 인터넷으로 자주 쇼핑하다   (   ), 더 저렴하게 살 수 있다

2 다음을 보고 장점과 단점에 대해 이야기해 보세요.

동아리 활동

장점 • 취미 활동을 즐길 수 있다
     • 한국 친구를 만날 기회가 생기다

단점 • 공부할 시간이 줄다
     • 회비를 내야 하다

동아리 활동을 하면
취미 활동을 즐길 수 있는 데다
한국 친구를 만날 기회도
생깁니다. 하지만 공부할 시간이
주는 데다가 회비도 내야 한다는 것이
단점이라고 할 수 있습니다.

온라인 쇼핑

장점 • 가격을 비교해서 살 수 있다
     • (   )

단점 • 사진과 다른 상품도 있다
     • (   )

마스크를 쓰는 것

장점 • (   )
     • (   )

단점 • (   )
     • (   )

대화

대화를 듣고 따라 읽어 보세요.

홍대 아이돌 이서연!

첸	카린 씨는 친한 한국 친구가 있나요?
카린	네, **이서연이라는 친구**인데 별명이 홍대 아이돌이에요.
첸	그 친구를 어떻게 알게 됐어요?
카린	댄스 동아리 활동을 하다가 알게 됐는데 처음 한국에 와서 한국어도 **서투른 데다** 한국 문화에 익숙하지 않았을 때 저를 많이 도와준 친구예요.
첸	그렇군요. 그럼 그 친구도 춤을 잘 추겠네요.
카린	그럼요. 춤을 잘 **추는 데다가** 노래까지 잘해서 정말 부러워요. 예전에 아이돌이 되기 위해 연습생 생활을 **했다는** 얘기를 들은 적이 있어요.
첸	카린 씨의 이야기를 들으니까 저도 그 친구가 궁금해지네요. 나중에 기회가 되면 소개해 주세요.

1-1 저는 친구들에게 활발하다는 이야기를 많이 들어요 **21**

어휘와 표현

1 다음 단어에 대해 알아보고 빈칸에 알맞은 말을 쓰세요.

> 독창적　　사교적　　낙천적　　능동적　　비관적

홍익 댄스 동아리 회원 모집

사람들과 만나서 이야기하는 것을 좋아하는
(1) (　　　　　　　　)인 성격이십니까?

다른 사람의 춤을 따라 추는 게 아닌 나만의
(2) (　　　　　　　　)인 춤으로 자신을 표현
하는 기회를 가지고 싶습니까?

항상 (3) (　　　　　　　　)인 마음으로
즐겁게 하루하루를 보내고 싶은 사람들을
기다립니다! 홍익 댄스 동아리에 지금 지원해
보세요.

홍익 고민 상담소

소극적인 성격이라서 어떤 일을 먼저 나서서
(4) (　　　　　　　　)으로 하는 것이 힘드십
니까?

내가 하는 일들은 다 잘 안 될 거라는
(5) (　　　　　　　　)인 생각이 자주 듭니까?

※조언이 필요한 분들은 고민하지 말고 이메일을
보내 주시면 연락 드리겠습니다.

2 다음 단어와 의미가 맞는 것을 연결하세요.

(1) 성실하다　　　　　•　　　　　•　㉠ 말수가 적다

(2) 과묵하다　　　　　•　　　　　•　㉡ 말수가 많다

(3) 수다스럽다　　　　•　　　　　•　㉢ 태도가 진실되고 바르다

(4) 발이 넓다　　　　　•　　　　　•　㉣ 사귀어 아는 사람이 많다

(5) 모험을 즐기다　　　•　　　　　•　㉤ 힘들거나 새로운 일을 즐겁게 하다

N(이)라고 불리다

이름 대신 어떤 별명 등을 가리켜 말할 때 사용한다.

• 빈 씨는 발이 넓어서 마당발**이라고 불린다**.　　　• 강아지는 다른 말로 멍멍이**라고 불리기도 한다**.

• 제주도는 삼다도**라고 불리는데** 돌, 바람, 여자가 많다는 뜻이다.

듣고 말하기 1

● 다음 별명은 어떤 의미일까요?

마당발

음치

1 다음을 잘 듣고 대답해 보세요.

Track 02

(1) 남자의 별명은 무엇입니까? 왜 그런 별명을 가지게 되었습니까?

(2) 여자는 왜 처음에 친해지기 힘들다는 말을 듣습니까?

(3) 자신이 들어 본 한국의 재미있는 별명을 말해 보고 어떤 사람에게 사용하는지
이야기해 보십시오.

예비 │ 레시피 │ 셰프 │ 간단히 │ 놀리다

듣고 말하기 2

Track 03

1 다음은 학생들의 발표입니다. 잘 듣고 질문에 답하세요.

(1) 발표한 학생들의 별명은 무엇입니까?

빈: _____

파티마: _____

(2) 발표한 학생들의 장점은 무엇입니까?

빈: _____, 처음 보는 사람들과 금방 친해질 수 있다.

파티마: _____

카린: _____, 리듬감이 좋은 편이다

(3) 다음 시간에는 무엇에 대해 이야기할 예정입니까?

2 여러분의 생각을 이야기해 보세요.

(1) 듣기에 나온 학생들 중에 자신과 성격이 가장 비슷한 사람은 누구입니까?

(2) 학생들이 말한 별명 중 여러분 나라 말에도 있는 별명은 무엇입니까?

(3) 듣기에서 단점이라고 말한 것 중에 장점이라고 생각되는 것은 무엇입니까?

● 다음은 나와 친구의 장점을 이야기하고 쇼핑하는 활동입니다.

장점 쇼핑 게임

(1) 내가 생각하는 나의 장점을 구체적으로 적고 이야기해 보세요.

 제가 생각하는 저의 장점은 꼼꼼하다는 것입니다.

나는 매일 꼼꼼하게 할 일을 확인한다.	나쁜 상황에서도 비관적으로 보지 않고 잘 될 거라고 생각하는 낙천적인 성격이다.		

(2) 친구나 가족들이 말하는 나의 장점을 적고 이야기해 보세요.

 저는 사람들에게 목소리가 좋다는 말을 자주 듣습니다.

목소리가 좋다.	무슨 일이든지 먼저 능동적으로 한다.		

(3) 친구의 장점을 쇼핑해 봅시다! 친구의 장점 중에서 가장 마음에 드는 장점을 하나만 골라서 말해 보세요. 친구에게 그 장점을 사고 친구가 원하는 것을 해 주세요.

저는 파티마 씨의 장점 중에서 꼼꼼하다는 점이 마음에 들어요. 왜냐하면 저는 실수를 자주 하기 때문이에요. 그래서 저는 이 장점을 가졌으면 좋겠습니다. 장점을 가지는 대신 제가 음료수를 사 드릴게요.

금방 | 꾸준히 | 새롭다 | 활동하다 | 모험가 | 매사 | 종종 | 리듬감 | 크리에이터

1-2 홍대 앞은 젊은 사람들이 즐길 만한 것들이 많아요

- 홍대 근처는 무엇으로 유명합니까?
- 친구에게 소개해 주고 싶은 장소가 있습니까?

문법 1

V-(으)ㄹ 만하다

홍대 앞에 새로 생긴 카페가 어때요?

그 카페는 다양한 음료가 있어서 한번 가 볼 만해요.

1. 어떤 대상(물건, 사람, 장소 등)이 가치가 있어서 추천할 때 사용한다.

그 카페는 다양한 음료가 많아서   한번 **가 볼 만해요.**

↓

가 볼 가치가 있어서 추천함

- 동해는 공기가 좋고 경치도 아름다워서 한번 **가 볼 만해요.**
- 그 사람은 입이 무거워서 **믿을 만하다.**

2. 아주 마음에 드는 것은 아니지만 그런대로 괜찮을 때, 또는 어떤 것을 사용하기에 아직 괜찮을 때 사용한다.

5년 전에 산 옷인데   아직 **입을 만해요.**

↓

아주 좋은 것은 아니지만 괜찮음

- 제가 사는 원룸은 조금 작지만 조용해서 **지낼 만해요.**
- 중고 물건을 파는 오이마켓이라는 앱에는 **쓸 만한** 물건이 꽤 있어요.

연습

● 문장을 만들어 보세요.

(1) 그 사람 / 꼼꼼하다 / 일을 맡기다

→ _____

(2) 비빔밥 / 많이 맵지 않고 영양도 풍부하다 / 한번 먹어 보다

→ _____

(3) 우리 회사 / 월급이 적지만 일이 힘들지 않다 / 다니다

→ _____

1 보기 와 같이 이야기해 보세요.

보기

| 홍대 앞, 쇼핑하다 | 복잡하다, 다양한 옷이 많다 |

홍대 앞은 쇼핑하기에 괜찮아요?

복잡하긴 한데 다양한 옷이 많아서 쇼핑할 만해요.

(1) 불고기, 만들다   재료가 많이 들어가다, 요리 방법은 간단하다

(2) 연남동 공원, 걷다   사람이 많다, 학교에서 가깝다

(3) 이 화장품, 고향 친구에게 선물하다   (   ). 품질이 좋다

(4) 그 영화, 외국 사람이 이해하다   (   ), 한글 자막이 나오다

2 여러분은 학교 주변을 잘 알고 있습니까? 학교 주변에 대해서 친구와 함께 이야기해 보세요.

학교 근처에서 옷을 사려고 하는데 어디가 괜찮을까요?

놀이터 옆에 있는 '패셔니스타 옷가게'에 가 보세요. 젊은 감각의 옷들이 많아서 가 볼 만 해요.

문법 2

V-는 김에

엠마 씨, 이게 웬 커피예요?

제 커피를 사는 김에 첸 씨의 커피도 사 왔어요.

어떤 일을 할 때 기회가 되어서 원래 계획에 없는 일을 함께 하는 경우에 사용한다.
두 일이 거의 동시에 이루어지면 'V-는 김에'를 사용하고, 앞의 일이 완료된 후 뒤의 일이 시작되면 'V-(으)ㄴ 김에'를 사용한다.

제 커피를 **사는 김에**	엠마 씨의 커피도 사 왔어요.
↓	↓
앞의 일을 하는 기회에	관계있는 뒤의 일을 함께 함

- 은행에서 돈을 **찾는 김에** 환전도 하려고 해요.
- 내가 먹을 김밥을 **만드는 김에** 친구의 것도 만들었어요.
- 한국에 **온 김에** 한국 친구를 만나기로 했다.
- 말이 **나온 김에** 새로 생긴 카페에 가 볼까 해요.

연습

● 문장을 만들어 보세요.

(1) 이사를 하다 / 필요 없는 물건을 정리해야겠다

→ _____

(2) 할인 쿠폰이 생기다 / 화장품을 사러 갔다

→ _____

(3) 술을 끊다 / 담배도 끊으면 좋겠다

→ _____

활동

1 보기 와 같이 이야기해 보세요.

보기
이 책상을 팔 것이다   안 쓰는 물건들을 팔다

이 책상을 팔 거예요?   네, 집에서 안 쓰는 물건들을 파는 김에 이 책상도 팔 거예요.

(1) 단어를 외우고 있다   오늘 배운 단어를 공책에 정리하다

(2) 인천 국제도시 구경을 했다   인천에 사는 친구 집에 갔다

(3) 머리를 염색했다   (   )

(4) 우유 좀 사다 줄 수 있다   (   )

2 친구의 계획을 듣고 함께 할 만한 다른 일을 친구에게 말해 보세요.

〈친구의 계획〉   〈나의 부탁〉

다음 주에 제주도로 여행가기로 했어요.   그럼 제주도에 **가는 김에** 흑돼지 삼겹살을 한번 먹어 보세요.

SNS에 고향의 명소를 소개할까 해요.   명소를 소개하다 (   )

날씨가 너무 추워져서 쇼핑몰에서 롱패딩을 주문하려고 해요.   롱패딩을 주문하다 (   )

?   ?

대화

대화를 듣고 따라 읽어 보세요.

Track 04

빈　마크 씨, 홍대 근처에서 자주 가는 곳이 어디예요?

마크　제가 패션에 관심이 많잖아요. 그래서 주말마다 홍대 근처에 있는 옷 가게들을 돌아다니면서 옷 구경도 하고 필요한 옷이나 가방 같은 것도 사요.

빈　혹시 홍대 근처에 추천할 만한 옷 가게가 있어요?

마크　놀이터 옆에 패셔니스타라는 옷 가게가 있는데 거기에서 이런저런 옷과 가방을 구경할 수 있어요. 말이 나온 김에 지금 같이 가 볼래요?

빈　좋아요. 그럼 옷 가게를 구경하는 김에 홍대 근처의 예쁜 카페도 촬영해서 SNS에 올려야겠어요.

마크　예쁜 카페도 제가 많이 알고 있으니까 쇼핑 끝나고 같이 가요.

어휘와 표현

1 다음 단어에 대해 알아보고 빈칸에 알맞은 말을 쓰세요.

작품	전시회	조형물	인디 밴드	길거리 공연

(1) ( ) (2) ( ) (3) ( ) (4) ( ) (5) ( )

2 다음 단어와 의미가 맞는 것을 연결하세요.

(1) 감상하다 •   • ㉮ 어떤 의미를 대표하여 나타내다

(2) 생생하다 •   • ㉯ 예술 작품을 보거나 들으면서 느끼다

(3) 상징하다 •   • ㉰ 어떤 것을 좋아하는 사람이 많아지다

(4) 인기를 끌다 •   • ㉱ 바로 눈 앞에 있는 것처럼 느껴지다

(5) 눈과 귀를 사로잡다 •   • ㉲ 보는 것, 듣는 것으로 관심을 집중시키다

오늘의 표현

N은/는 물론(이고)
앞의 것을 포함해서 뒤의 것도 그렇다.

- 이 전시회에서 그림은 **물론이고** 여러 조형물도 볼 수 있다.
- 홍대 앞 클럽에서 인디밴드의 공연은 **물론** 비보이의 춤도 감상할 수 있다.
- 그 가수는 노래 실력이 뛰어난 것은 **물론** 춤도 잘 춰서 인기를 끌고 있다.

읽고 말하기 1

● 길거리나 소극장에서 공연이나 콘서트를 본 적이 있나요?

홍대 인디 밴드와 함께 하는 토크 콘서트
'인디야, 놀자'

▶ 일시 : 5월 23일 (토) 18:00 ~ 21:00
▶ 대상 : 음악과 예술에 관심이 있는 사람이라면 누구나 참여 가능
▶ 토크 콘서트 내용 : • 인디 밴드의 공연
　　　　　　　　　　 • 음악으로 소통하기
▶ 장소 : 홍대 '하늘아래 소극장'
▶ 요금 : 입장료는 15,000원이며 입장하시는 분 모두에게 간단한 음료와 간식이 제공됩니다.

※ 토크 콘서트는 QR 코드를 통해서 공연 사흘 전까지 온라인으로 예매가 가능합니다.

1 윗글을 읽고 질문에 대답해 보세요.

(1) '인디야, 놀자'에는 어떤 사람들이 참여할 수 있습니까?

(2) 토크 콘서트에 가면 무엇을 줍니까?

(3) 토크 콘서트를 예매하려면 어떻게 해야 합니까?

참여하다 | 제공되다

● 다음은 한 유학생이 홍대 거리 탐방 후 자신의 SNS에 올린 글입니다.

예술과 젊음의 거리, 홍대 앞

홍대에 다니는 친구를 만나러 온 김에 홍익대학교 안으로 들어갔다. 홍익대학교 안에는 '영원한 미소'라고 불리는 작품이 있었는데 이 작품은 1972년에 만들어져서 홍익대학교를 상징하는 조형물이 되었다고 한다. 영원한 미소 근처에 있는 현대 미술관에서는 마침 미술을 전공하는 학생들의 작품을 전시하는 전시회가 열리고 있었다. 전시회에는 서로 개성이 다른 그림들이 전시되어 있어서 감상하는 재미가 있었다. 전시회를 구경한 후 밖으로 나와서 홍대 앞 상상마당에 도착했다. '상상마당'은 다양한 공연, 전시, 축제 등을 즐길 수 있는 데다 자유로운 분위기를 느낄 수 있어서 구경할 만했다.

#영원한미소 #홍대현대미술관 #전시회 #상상마당

요즘 인기를 끌고 있는 인디 밴드의 공연이 있다고 해서 저녁에 친구와 홍대 앞 클럽에서 공연을 관람했다. 홍대 앞 클럽은 음악에 관심이 있는 젊은이들을 중심으로 한국 인디 음악의 발전을 이끈 곳이라고 들었다. 우리가 본 공연은 대규모 공연은 아니었지만 가까이에서 생생한 감동을 느낄 수 있어서 더 좋았다. 또 홍대에서는 클럽 공연은 물론 길거리 공연도 한번 볼 만한 것 같다. 길거리 공연은 거의 매일 열리는데 보통 저녁 시간 이후에 홍대입구역 8번 출구 근처에 있는 '홍대 걷고 싶은 거리'에서 볼 수 있다. 이날도 집에 가는 길에 길거리 공연을 하고 있었는데 노래를 부르면서 춤을 추는 사람들의 모습이 우리의 눈과 귀를 사로잡았다.

#홍대클럽 #인디음악 #버스킹 #길거리콘서트 #홍대입구역

1 질문에 답하세요.

(1) 홍익대학교에 들어가서 무엇을 했습니까?

(2) 상상마당에서는 무엇을 즐길 수 있습니까?

(3) 인디 밴드의 공연이 좋았던 이유는 무엇입니까?

(4) 길거리 콘서트는 보통 언제, 어디에서 열립니까?

2 여러분의 생각을 이야기해 보세요.

(1) 글에서 소개한 홍대 앞 문화 중에서 경험해 본 것은 무엇입니까?

(2) 경험해 보지 못한 홍대 문화 중에서 해 보고 싶은 것은 무엇입니까?

(3) 여러분 나라에도 홍대 앞처럼 젊은이들이 많이 모이는 거리가 있습니까?

◉ 다음은 이 사람의 SNS에 친구들이 쓴 댓글입니다. 여러분도 댓글을 달아 보세요.

> 버스킹 하는 걸 잠깐 본 적이 있긴 한데 다음 주에 같이 한번 제대로 봐요!
>
> 저도 미술 작품을 감상하고 싶은데 전시회는 끝났나요?
>
> 상상마당에 가서 인디 밴드 공연도 보고 맛있는 음식도 먹고 싶은데 같이 갈래?
>
> ↳ 그래, 그럼 다른 친구들하고도 같이 가서 사진 찍고 저녁 먹자.
>
> _____

발전 | 이끌다 | 개성 | 모습 | 대규모 | 예술

1-3 한 단계 오르기

생각해 봅시다

◎ 다음 어휘와 문법 중 잘 이해하고 있는 것에 표시(✓)하세요.

☐ 독창적   ☐ 사교적   ☐ 능동적

☐ 작품   ☐ 조형물   ☐ 전시회

☐ 성실하다   ☐ 과묵하다   ☐ 수다스럽다

☐ 눈과 귀를 사로잡다   ☐ 인기를 끌다   ☐ 상징하다

☐ 저는 잘 웃고 매사에 긍정적이라서 성격이 **낙천적이라는** 말을 자주 듣습니다.

☐ 빈 씨는 사진을 잘 **찍는 데다가** 영상을 만드는 실력도 뛰어나다.

☐ 첸 씨는 발이 넓어서 **마당발이라고** 불린다.

☐ 비빔밥은 맛도 좋고 다양한 야채가 들어 있어서 **먹어 볼 만하다.**

☐ 홍대에 **간 김에** 미술관에 가서 작품들을 감상해 볼까 해.

☐ 상상마당에서 밴드의 공연을 **볼 수 있는 것은 물론이고** 전시회도 관람할 수 있다.

◎ 아래의 문장을 보고 보기 와 같이 이야기해 보세요.

저와 첸은 5년 동안 알고 지낸 사교적인 친구예요.

보기

이 문장에서 '사교적인 친구'라는 말이 좀 어색하지 않아요?

'사교적'이라는 말은 사람들을 쉽게 잘 사귀는 성격이라는 뜻이에요. 이 문장에서는 두 사람의 관계를 말하고 있으니까 '친한 친구'라고 말해야 될 것 같아요.

1 다음 중 단어가 어색하게 쓰인 문장이 없는지 친구와 이야기해 보세요.

(1) 서준 씨는 말이 별로 없는 걸 보니 수다스러운 사람인 것 같아요.

(2) 사랑은 하트 모양(♥)을 상징한다.

(3) 빈 씨는 성실한 사람이라서 결석을 한 번도 한 적이 없다.

(4) 다양한 장르의 한국 드라마가 세계적으로 인기를 끌고 있다.

(5) 나는 어떤 일을 할 때 먼저 나서서 하는 성격인데 언니는 반대로 적극적인 편이다.

2 다음 중 문법이나 표현이 어색하게 쓰인 문장이 없는지 친구와 이야기해 보세요.

(1) 이 옷은 5년 전에 샀지만 아직 입을 만한다.

(2) 그 영화가 재미없는다는 말을 들었는데 정말이에요?

(3) 엠마 씨, 편의점에 가는 김에 우유 좀 사다 주세요.

(4) 박서준 씨는 그림을 잘 그리는 데다가 음치라서 노래를 못 한다.

(5) 홍대 앞 길거리 공연은 젊음의 분위기를 느낄 수 있어서 한번 볼 만해요.

(6) 4급에서 쓰기 시험은 물론 말하기 시험도 본다는 이야기를 들었어요.

(7) 감기에 걸리는 김에 오늘은 집에서 푹 쉬려고 한다.

○ 아래 그림을 보고 배운 문법과 표현을 사용해서 짧은 이야기를 만들어 보세요.

오늘은 첸 씨와 함께 홍대 앞에서
다양한 경험을 한 하루였다. 먼저
_____
_____
_____
_____
_____

어휘 늘리기

● 다음은 성격과 관련된 표현입니다. 다음 단어에 대해 알아보고 친구와 함께 질문에 대답해 보세요.

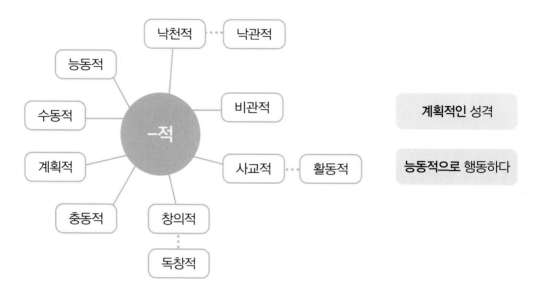

- 자신의 장점을 '–적'이라는 단어를 사용하여 표현해 보세요.

  예 저는 사교적인 성격입니다. 그리고 매사에 긍정적으로 생각하는 편입니다.

- 자신의 단점을 '–적'이라는 단어를 사용하여 표현해 보세요.

  예 저는 계획적이지 못하고 충동적으로 행동할 때가 많습니다.

- 어렸을 때와 지금의 성격이 같습니까? 다릅니까?

  예 어렸을 때는 내성적이었는데 지금은 활동적인 성격으로 바뀌었습니다.

1 다음 관용어에 대해 알아보세요.

> 눈이 높다
>
> 귀가 얇다
>
> 손이 크다
>
> 입이 무겁다
>
> 눈치가 빠르다
>
> 발등에 불이 떨어지다

(1) (　　　　　　　　　) : 한번에 돈을 쓰거나 음식을 만드는 양이 많음.

(2) (　　　　　　　　　) : 남의 말을 쉽게 믿고 그대로 행동함.

(3) (　　　　　　　　　) : 비밀을 잘 지키고 무엇이든 쉽게 말하지 않음.

(4) (　　　　　　　　　) : 사람의 마음이나 일의 상황을 빨리 이해함.

(5) (　　　　　　　　　) : 어떤 일을 빨리 해야 할 상황이 됨.

(6) (　　　　　　　　　) : 수준이 높은 것에 관심을 가짐.

2 빈칸에 알맞은 말을 써 보세요.

(1) 가 저는 키가 크고 얼굴이 멋있는 데다가 몸도 좋은 사람과 사귀고 싶어요.
　　 나 민아 씨는 (　　　　　　　　　) 남자 친구를 사귀는 게 힘들겠네요.

(2) 가 내일 시험인데 단어를 하나도 안 외워 놓아서 밥 먹을 시간도 없을 것 같아.
　　 나 미리미리 해 놓았어야지. 너는 항상 (　　　　　　　　　) 일을 하더라.

(3) 가 무슨 음식을 이렇게 많이 준비했어요?
　　 나 저는 (　　　　　　　　　) 한번 음식을 차릴 때 많은 양을 요리하는 편이에요.

(4) 가 마크 씨의 동생은 어때요?
　　 나 (　　　　　　　　　) 부모님이 말하지 않아도 무엇을 원하시는지 잘 알아요.

(5) 가 파비우 씨의 말만 듣고 머리 스타일을 바꿨는데 예전 머리가 더 잘 어울리는 것 같아.
　　 나 아이고, 너는 정말 (　　　　　　　　　) 걱정이야.

(6) 친구들이 말하는 나의 장점은 (　　　　　　　　　) 것이다. 왜냐하면 나는 비밀을 들어도
　　 다른 친구들에게 말하지 않기 때문이다.

 • 발등에 불이 떨어져야 하게 되는 일은 무엇입니까?
　　 • 주변에 손이 큰 사람이 있습니까?

실전 말하기

자기 소개

● 다음은 엠마의 자기 소개입니다.

Track 05

 안녕하세요? 여러분, 저는 미국에서 온 엠마라고 합니다. 지금 한국에서 요리사로 일하고 있고 한국어 공부를 위해 한국 대학교에 다니고 있습니다. 제 취미는 춤을 추는 것입니다. 주말마다 친구들과 춤을 배우러 댄스 학원에 갑니다. 또한 저는 요리사로 일하고 있는데 사람들에게 손이 크다는 말을 자주 듣고 있습니다. 왜냐하면 요리를 할 때 많은 양을 하는 편이기 때문입니다. 제 장점은 성실하다는 것입니다. 저는 주어진 일에 최선을 다하려고 항상 노력하고 있습니다. 그런데 소극적인 편이라서 수업 시간에 선생님께서 시키기 전에는 먼저 이야기하지 못한다는 점은 단점인 것 같습니다. 앞으로 이런 단점은 고치고 발표를 자주 하도록 노력하겠습니다. 감사합니다.

● 다음 표현을 알맞게 사용해 자기 소개문을 작성하고 발표해 보세요.

취미와 사람들의 평가 말하기	**취미** 자신의 취미 말하기
	사람들의 평가 사람들에게 _____ –(ㄴ/는)다는 말을 자주 듣습니다.
성격, 능력의 장단점과 노력할 점 말하기	**장점** • 제 장점은 _____ –(ㄴ/는)다는 것(점)입니다. • 사람들이 말하는 저의 장점은 _____ –(ㄴ/는)다는 것(점)입니다.
	단점 • _____ –(ㄴ/는)다는 점은 단점인 것 같습니다. • 앞으로 이런 단점은 고치고 _____ –도록 노력하겠습니다.

안녕하세요? 여러분, 저는 _____ 에서 온 _____ (이)라고 합니다.

_____

_____

_____

_____

_____

_____

_____ 감사합니다.

실전 쓰기

● 여행 일정, 보고 느낀 것, 전체적인 감상 쓰기

보기

　9월 1일, 나와 엠마는 바다와 물고기를 보기 위해 아침 비행기를 타고 제주도로 출발했다.

　제주도에 도착하자마자 가장 먼저 '제주 아쿠아 수족관'으로 갔다. 아쿠아 수족관에는 정말 다양한 물고기들이 있었다. 물고기들을 보니 내 마음이 시원해지는 것 같았다. 다음 일정은 성산일출봉이었다. 출발하기 전에는 비가 오고 바람이 불어서 걱정했지만 다행히 도착했을 때는 날씨가 좋아졌다. 성산일출봉 위에 올라가서 본 바다 색깔이 아주 파란 데다가 공기도 맑아서 스트레스가 다 풀리는 것 같았다. 마지막 날 아침에 우리는 제주도의 유명한 음식인 흑돼지 고기를 먹고 다시 제주공항으로 갔다. 시간이 빨리 가서 아쉬웠다.

　짧은 일정이었지만 제주도의 아름다운 풍경을 느낄 수 있어 좋았다. 그리고 왜 사람들이 제주도를 한국을 대표하는 여행지라고 하는지 알 수 있었다.

● 문장 구성

내용	세부 내용
일정 여행 목적	• 여행 시간(언제), 사람(누구와), 장소(어디로) • 여행의 목적 • 여행지로 가는 교통편
여행할 때 들른 곳	• 여행지에서의 날씨 • 여행지에서 들른 곳
여행지에서 본 것과 느낀 것, 알게 된 것	• 그곳에서 본 것과 느낀 것
전체적인 감상	• 여행하면서 전체적으로 느낀 점과 새롭게 알게 된 것

다음은 빈이 서울 투어를 한 후에 SNS에 올린 사진입니다.
메모를 보고 탐방기를 간단히 작성해 보세요.

(1)

5월 2일 월요일 아침, 나는 _____

_____

_____

_____

- 5월 2일 월요일 아침
- 같은 반 친구 두 명과 함께 서울의 명소를 구경함.
- 서울 시티 버스 탑승

(2)

가장 먼저 도착한 곳은 _____

_____

_____

_____

- 인사동
- 맑은 날씨
- 기념품 구경

(3)

다음 일정은 _____

_____

_____

_____

- 경복궁
- 한복을 입어 봄.
- 사진 찍기에 좋았음.

(4)

마지막으로 _____

_____

_____

_____

- 광장 시장
- 한국 음식을 먹음.
- 맛있었음.

(5)

짧은 일정이었지만 _____

_____

_____

_____

- 화창한 봄 날씨가 좋다고 느낌.
- 한국의 전통적인 건물과 한복의 아름다움을 알게 됨.

수족관 | 교통편

CHAPTER

02

직업

2-1 졸업하는 대로 취직을 한다든가 유학을 간다든가 할 거예요

문법 1   V-는 대로

문법 2   A-다든가 하다
V-ㄴ/는다든가 하다

어휘와 표현   직업의 선택
N을/를 살리다

듣고 말하기   취업 상담

2-2 선생님의 조언에 따라서 크리에이터가 되었으면 해요

문법 1   N에 따라서

문법 2   A/V-았/었으면 하다

어휘와 표현   다양한 직업의 세계
N은/는 N과/와
N(으)로 나뉘다

읽고 말하기   취미가 직업이 되는 세상

2-3 한 단계 오르기

생각해 봅시다   2단원 자기 점검

어휘 늘리기   직업
속담 1

실전 말하기   발표하기

실전 쓰기   자기소개서

2-1 졸업하는 대로 취직을 한다든가 유학을 간다든가 할 거예요

- 어릴 때 꿈이 무엇이었습니까?
- 지금은 어떤 직업에 관심이 있습니까?

문법 1

V-는 대로

졸업하면 무엇을 할 거예요?

졸업하는 대로 바로 회사에 취직할 거예요.

앞의 일이 끝난 후 바로 이어서 다른 행위를 할 때 사용한다. 미리 계획하거나 의도한 내용 등을 말할 때 쓰며 우연히 일어나는 일에는 쓰지 않는다.

졸업하는 대로	바로 회사에 취직할 거예요.
↓	↓
사건의 종료	바로 이어질 다음 행동

- 검사 결과가 **나오는 대로** 바로 수술을 할 예정입니다.
- 집에 손님이 오기로 해서 **퇴근하는 대로** 집으로 가야 해요.
- 문제가 **해결되는 대로** 바로 연락을 주세요.
- 첫 월급을 **받는 대로** 부모님 선물을 사 드리려고 해요.

연습

◉ 문장을 만들어 보세요.

(1) 아르바이트를 마치다 / 친구를 만나러 가다

→ _____

(2) 여권을 만들다 / 비자를 신청하다

→ _____

(3) 이메일을 받다 / 답장을 보내다

→ _____

활동

1 보기 와 같이 이야기해 보세요.

보기   친구   문자 메시지를 확인하다, 전화하다

친구가 뭐라고 했어요?

문자 메시지를 확인하는 대로 전화하라고 했어요.

(1) 룸메이트   집에 가다, 빨래를 돌리다

(2) 부모님   일을 그만두다, 고향에 돌아오다

(3) 선생님   (   ), 합격 사실을 알려 주다

(4) 친구   택배를 받다, (   )

2 여러분은 어떤 계획을 가지고 있습니까? 이야기해 보세요.

오늘의 계획	
9:00 ~ 13:00	수업
13:30 ~ 17:00	아르바이트
17:30 ~	친구 집에서 요리하기

저는 오늘 수업이 **끝나는 대로** 아르바이트를 하러 갈 거예요. 그리고 아르바이트를 **마치는 대로** 친구 집에 가서 요리를 할 거예요. 첸 씨는 오늘 수업 끝나고 뭘 할 거예요?

월급 사용 계획	
20일	월급날
21일	자전거 사기
이후	자전거 동호회 가입, 자전거 여행

저는 월급을 _____.
그리고 자전거를 _____
_____.
엠마 씨는 월급을 받으면 뭘 할 거예요?

수료 후 계획	
___ 월	수료

저는 _____
_____
_____

48

문법 2

A-다든가 하다 V-ㄴ/는다든가 하다

주말에 친구를 만나면 뭘 해요?

친구와 같이 맛있는 음식을 먹는다든가 영화를 보러 간다든가 해요.

선택이 가능한 여러 사실이나 조건 등을 나열할 때 사용한다. 여러 사실 가운데 하나라도 해당되는 경우를 의미한다.

주말에 친구와 같이	맛있는 음식을 **먹는다든가**	영화를 보러 **간다든가** 해요.
	↓	↓
	사실 1	사실 2

- 방학에 한국 요리를 **배운다든가** 여행을 **한다든가** 할 거예요.
- 약속이 없으면 밖에서 산책을 **한다든가** 하면서 시간을 보내요.
- 부모님이 **편찮으시다든가** 전화를 **안 받으신다든가 하면** 걱정이 돼요.
- 집에 밥이 **없다든가** 요리하기가 **귀찮다든가** 할 때 라면을 끓여 먹어요.
- **선생님이라든가 교수라든가 하는** 직업은 방학이 있어서 좋을 것 같아요.

연습

◉ 문장을 만들어 보세요.

(1) 오후 / 친구를 만나다 / 도서관에 가다

→ _____

(2) 기분이 안 좋다 / 맛있는 음식을 먹다 / 신나는 음악을 듣다

→ _____

(3) 아프다 / 힘들다 / 부모님 생각이 많이 나다

→ _____

활동

1 [보기]와 같이 이야기해 보세요.

[보기]

취업에 실패하다
대학원에 가다, 공무원 시험을 준비하다

취업에 실패하면 어떻게 할 거예요?

취업에 실패하면 대학원에 간다든가 공무원 시험을 준비한다든가 할 거예요.

(1) 갑자기 돈이 많이 생기다   사고 싶었던 물건을 사다, 은행에 넣어 놓다

(2) 휴대폰이 고장 나다   A/S 센터에 가다, 새 휴대폰을 사다

(3) 옆집 사람이 너무 시끄럽다   조용히 해 달라고 부탁하다, (   )

(4) 생활비가 떨어지다   (   ), 아르바이트를 하다

2 언제 이런 감정을 느낍니까? 다음과 같이 이야기해 보세요.

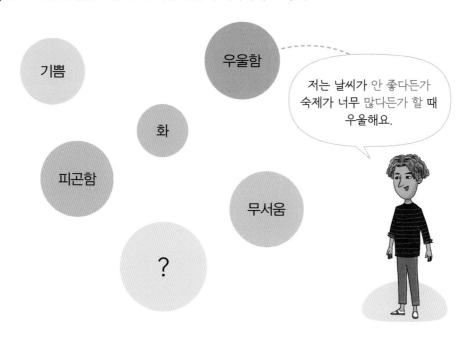

기쁨

우울함

저는 날씨가 안 좋다든가 숙제가 너무 많다든가 할 때 우울해요.

화

피곤함

무서움

?

대화

● 대화를 듣고 따라 읽어 보세요.

Track 06

엠마   오늘 수업이 일찍 끝나는 날인데 수업 끝나고 뭘 할 거예요?

첸   친구가 집에 놀러 온다고 해서 수업이 **끝나는 대로** 집으로 갈 거예요. 엠마 씨
        는요?

엠   아직 별 계획이 없기는 한데 집에 가서 방 청소를 **한다든가** 오랜만에 영화를
        보러 **간다든가** 할 것 같아요.

첸   그래요? 지난주에 개봉한 코미디 영화가 볼 만하다는 이야기를 들었는데 그
        영화를 보러 가는 게 어때요?

엠마   그것도 좋겠네요. 추천해 줘서 고마워요.

첸   영화 보고 재미있으면 얘기해 주세요. 그럼 남은 수업 잘 듣고 다음에 봐요.

개봉하다

어휘와 표현

1 다음 단어에 대해 알아보고 빈칸에 알맞은 말을 쓰세요.

진로	이직	입사	퇴사	경력
진로를 정하다	이직하다	입사하다	퇴사하다	경력이 있다

회사에 들어감	미래의 방향 (직업, 계획)	회사를 그만둠.	지금까지 일한 경험	직장을 옮김.

(1) (　　　　　)　(2) (　　　　　)　(3) (　　　　　)　(4) (　　　　　)　(5) (　　　　　)

2 다음 단어와 의미가 맞는 것을 연결하세요.

(1) 접하다　　　　　　　　　　•　　　•　㉮ 어떤 일이 이루어지기를 바라다

(2) 꿈꾸다　　　　　　　　　　•　　　•　㉯ 실제로 그 일을 여러 번 해 보다

(3) 도전하다　　　　　　　　　•　　　•　㉰ 새로운 것이나 어려운 것을 해 보다

(4) 적성에 맞다　　　　　　　•　　　•　㉱ 성격이나 능력이 어떤 일에 잘 어울리다

(5) 경험을 쌓다　　　　　　　•　　　•　㉲ 사람이나 문화 등을 가까이 대하여 알게 되다

오늘의 표현

N을/를 살리다
앞의 내용이나 경험을 활용하여 다른 활동을 할 때 사용한다.

- 경영학 전공을 **살려서** 대기업에 취업하려고 합니다.
- 한국에서 유학한 경험을 **살려** 한국 회사에 입사했다.
- 중소기업에서 일한 경력을 **살려** 대기업으로 이직했다.

듣고 말하기 1

● 무엇에 대한 이야기일까요?

1 다음을 잘 듣고 대답해 보세요.

Track 07

(1) 남자의 말을 듣고 빈칸에 알맞은 말을 쓰세요.

나이	전공	취미

(2) 남자의 고민은 무엇입니까?

졸업 후에 바로   게 좋을지 시간이 걸려도   게 좋을지 고민이다.

(3) 남자에게 조언을 해 준다면 어떤 조언을 해 주겠습니까?

취업 | 소설 | 평소 | 경영학과

듣고 말하기 2

Track 08

1 다음은 라디오 프로그램의 일부입니다. 잘 듣고 질문에 답하세요.

(1) 사연자의 고민에 대해 여자와 남자는 어떻게 조언했습니까?

여자	남자

(2) 여자가 만난 30대 젊은이들은 어떤 후회를 했습니까?

(3) 남자의 친구들은 왜 힘들어했습니까?

(4) 남자는 직장 생활을 하면서 꿈을 이루기 위해 무엇을 했습니까?

2 여러분의 생각을 이야기해 보세요.

(1) 누구의 의견에 동의합니까? 그 이유는 무엇입니까?

(2) 졸업을 하고 바로 취업을 하는 경우 어떤 장점과 단점이 있습니까?

(3) 꿈을 위해 도전하면서 겪는 어려움에는 어떤 것이 있습니까?

● 직업이나 직장을 선택할 때 여러분은 어떤 것을 중요하게 생각합니까?
아래의 카드에서 3장을 골라 이야기해 보세요.

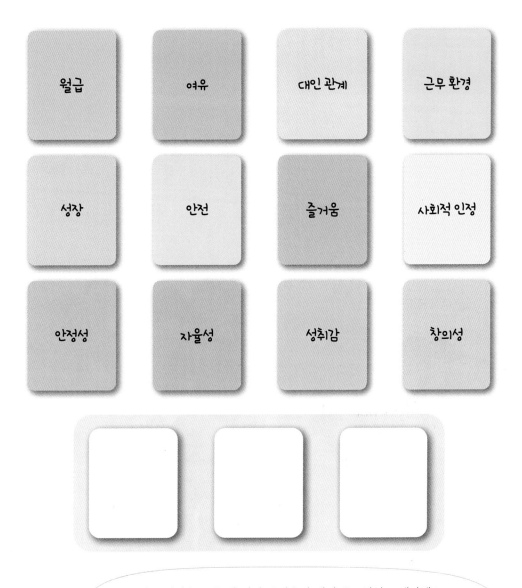

저는 직업을 고를 때 일의 즐거움이 제일 중요하다고 생각해요.
아무리 월급을 많이 줘도 일이 재미없으면 하기 싫거든요. 그리고 근무
환경이라든가 대인 관계라든가 하는 것도 중요한 것 같아요.

멘토 │ 사연 │ 현실적 │ 되돌아보다 │ 급할수록 돌아가라 │ 조급하다 │ 대인 관계 │ 안정성 │ 자율성 │ 성취감

2-2 선생님의 조언에 따라서 크리에이터가 되었으면 해요

- 과거에는 있었지만 현재에는 없어진 직업에는 어떤 것이 있습니까?
- 미래에는 어떤 직업이 인기가 많을 것 같습니까?

문법 1

N에 따라(서)

연봉은 어떻게 결정되나요?

각 사원들의 능력에 따라서 연봉이 결정됩니다.

어떤 기준으로 내용이 결정되거나 달라질 때 사용한다. 일부 명사 뒤에 '유무, 여부, 여하' 등의 어휘를 붙여 사용하기도 한다.

능력에 따라서	연봉이 결정됩니다.
↓	↓
기준	달라지거나 결정되는 내용

- 회의 **결과에 따라서** 다음 달부터는 재택근무를 하기로 했습니다.
- 학교 **규정에 따라서** 모든 학생들은 교복을 입어야 합니다.
- 아이스크림의 종류가 다양해서 **취향에 따라** 골라 먹을 수 있어요.
- 같은 옷이라도 판매하는 **쇼핑몰에 따라** 가격이 다릅니다.
- **자녀 유무에 따라** 정부에서 받을 수 있는 지원금이 달라요.

연습

● 문장을 만들어 보세요.

(1) 선생님의 조언 / 공부 방법 / 바꾸다

→ _____

(2) 나이와 성별 / 스트레스의 종류 / 다르다

→ _____

(3) 같은 음식 / 요리 방법 / 맛이 달라지다

→ _____

연봉 | 재택근무 | 규정

1 보기 와 같이 이야기해 보세요.

보기 자격증이 있다, 급여가 더 높다   자격증 유무, 급여 차이가 있다

자격증이 있으면
급여가 더 높아요?

네, 자격증 유무에 따라
급여 차이가 있습니다.

(1) 엘리베이터가 있다, 월세가 비싸다   엘리베이터 유무, 월세 차이가 있다

(2) 보험이 있다, 병원비가 싸다   보험 가입 여부, 병원비가 달라지다

(3) 열심히 노력하다, 좋은 결과를 얻을 수 있다   노력 여하, (　　　　　　)

(4) 능력이 뛰어나다, 빠르게 승진하다   (　　　　　　), 승진 속도가 다르다

2 다음 표를 보고 아래와 같이 이야기해 보세요.

나이
성별
성격
체형
?

공부
방법

음식

?

운동   여행지

색깔

드라마

나이에 따라 좋아하는 운동이 달라요. 젊은 사람들은 요가나 헬스 같은 운동을
좋아하고 나이 많은 사람들은 등산이나 골프 같은 운동을 좋아해요.

자격증 | 급여 | 차이

문법 2

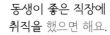

A/V-았/었으면 하다

지금 바라는 게 뭐예요?

동생이 좋은 직장에 취직을 했으면 해요.

> 💡 자신이나 타인이 희망하는 것을 말할 때 사용한다. 'A/V-았/었으면 좋겠다'가 자신의 희망만을 의미하는 것과 달리 나의 희망뿐만 아니라 다른 사람의 희망 사항을 말할 때에도 쓸 수 있다.
>
> 동생이 좋은 직장에 취직을 **했으면** 해요.
>
> ↓
>
> 희망하는 것
>
> • 새로 이사 가는 집은 겨울에 **춥지 않았으면** 한다.
> • 지금 용돈이 너무 적어서 부모님이 용돈을 좀 **올려 주셨으면** 해요.
> • 고향에 계신 부모님은 제가 유학 생활하면서 밥을 잘 챙겨 **먹었으면** 하세요.
> • 많은 분들께 도움이 **되었으면** 하는 마음으로 이 책을 썼습니다.
> • 다음에 같이 일하는 사람은 적극적인 **사람이었으면** 해요.

연습

◉ 문장을 만들어 보세요.

(1) 선생님 / 학생들 / 숙제를 잘하다

→ _____

(2) 나 / 병원에 입원한 친구 / 더 이상 아프지 않다

→ _____

(3) 그 사람이 사랑하는 사람 / 나

→ _____

1 보기 와 같이 이야기해 보세요.

보기   방학 때 꼭 하다, 일   학기 중에는 바빠서 여행을 못 가다

방학 때 꼭 했으면 하는 일이 있어요?

학기 중에는 바빠서 여행을 못 가니까 방학에는 여행을 갔으면 해요.

(1) 생일 때 꼭 먹다, 음식   외국에 살아서 고향 음식을 자주 못 먹다

(2) 가족 여행 때 가다, 장소   부산에 못 가 봤다

(3) 발표를 하다, 주제   (   )

(4) 한국을 떠나기 전에 꼭 하다, 일   (   )

2 죽기 전에 꼭 하고 싶은 일을 적은 목록을 '버킷 리스트'라고 합니다.
여러분의 버킷 리스트는 무엇입니까?

죽기 전에 하고 싶은 3가지

1. 수영 배우기

2. 유럽 여행 가기

3. 책 100권 읽기

나의 버킷 리스트

1.

2.

3.

 죽기 전에 꼭 **했으면 하는** 일을 3가지 생각해 봤습니다.

저는 첫 번째로 수영을 **배웠으면** 해요. 수영을 할 줄 모르니까 바다에 갈 때마다 제대로

못 놀아서 아쉬웠거든요. 그리고 유럽에 안 가 봤으니까 …

대화

● 대화를 듣고 따라 읽어 보세요.

안나   어서 와. 우리 집은 처음이지?

첸   와, 너희 집 엄청 좋구나. 여기에서 혼자 살아?

안나   아니, 룸메이트랑 같이 살아. 그런데 나는 강아지를 키우고 싶은데
룸메이트는 강아지를 안 키웠으면 하더라고. 그래서 혼자 살 집을 구하고
있어.

첸   그래? 이사할 거면 우리 집 근처로 이사 와. 학교에서 멀기는 하지만
동네가 아주 좋아.

안나   하하, 동네가 좋아도 학교에서 멀면 못 가. 안 그래도 부모님은 내가 학교
근처로 이사 갔으면 하시거든. 그래서 이사를 간다면 부모님 말씀에
따라서 학교 근처로 가게 될 것 같아.

첸   그래? 조금 아쉽지만 어쩔 수 없지. 다음에 이사 가면 또 초대해 줘.

어휘와 표현

1 다음 단어에 대해 알아보고 빈칸에 알맞은 말을 쓰세요.

사무직	기술직	전문직	금융업	IT 업종

의사, 변호사	사무실 직원	전기 기술자, 수리 기사	웹 디자이너, 개발자	은행원, 펀드 매니저

(1) (　　　　　)　(2) (　　　　　)　(3) (　　　　　)　(4) (　　　　　)　(5) (　　　　　)

2 다음 단어와 의미가 맞는 것을 연결하세요.

(1) 종사하다　　　　　　　　　　　　　　㉮ 어떤 분야에서 일하다

(2) 전망이 밝다　　　　　　　　　　　　　㉯ 어떤 일을 직업으로 가지다

(3) 직업으로 삼다　　　　　　　　　　　　㉰ 가치가 있다고 사람들에게 평가받다

(4) 정년이 보장되다　　　　　　　　　　　㉱ 미래의 상황이 좋아질 것이라고 예상하다

(5) 사회적으로 인정받다　　　　　　　　　㉲ 정해진 나이까지 일할 수 있도록 약속 받다

오늘의 표현

N은/는 N과/와 N(으)로 나뉘다
하나의 대상을 여러 종류로 구분할 수 있음을 나타낸다.

- 의사는 크게 일반의와 전문의로 **나뉜다**.
- 공무원 시험은 크게 사무직과 기술직으로 **나뉜다**.
- IT 업종의 업무는 크게 기획, 개발, 디자인 분야로 **나뉜다**.

읽고 말하기 1

● 무엇에 대한 이야기일까요?

1960년대   1970년대   1980년대

1990년대   2000년대   …   ?
                                 2030년대

① 다음을 읽고 대답해 보세요.

한국의 시대별 일자리 변화

인기가 많은 직업은 시대에 따라 달라진다. 경제 발전이 빠르게 이루어지던 1960~1970년대에는 기술직과 대기업 사무직이 인기를 끌었다. 1980년대에는 금융업이 발전함에 따라 은행원을 최고의 직업으로 생각했고 1990년대에는 인터넷의 발달과 함께 웹디자이너, 개발자와 같은 IT 업종의 직업이 생겨났다. 1990년대 후반에 갑자기 경제가 안 좋아지면서 안정적인 직업을 가졌으면 하는 사람들이 늘었다. 이에 따라 2000년대에는 정년이 보장되는 공무원이나 사회적으로 인정받는 의사, 변호사와 같은 전문직을 선호하게 되었다. 전문직의 인기는 현재까지도 계속되고 있는데 2010년대부터 스마트폰이 대중화되면서 앱 개발자, 정보 보안 전문가와 같은 직업이 큰 인기를 얻게 되었다.

(1) 시대별로 어떤 직업이 인기가 많았습니까?

1960・1970년대	1980년대	1990년대	2000년대	2010년대
				앱 개발자 정보 보안 전문가

(2) 2000년대에 사람들은 왜 공무원을 선호하게 되었습니까?

(3) 최근에는 어떤 직업이 인기가 많아졌습니까?

일자리 │ 선호하다 │ 앱 개발자 │ 보안

● 다음은 직업에 대한 글입니다.

취미가 직업이 되는 세상

많은 사람들이 방과 후나 퇴근 후에 게임을 한다든가 사진을 찍는다든가 하는 여러 취미 활동을 한다. 그런데 어떤 사람들은 그 취미를 살려 직업으로 삼기도 한다. 전에는 직업이라고 생각하지 않았는데 최근에 직업으로 인정받는 일들에는 어떤 것이 있을까? 인터넷의 발달과 스마트폰의 보급으로 새로운 직업들이 많이 생겨났는데 대표적인 예로 프로게이머, 크리에이터 등이 있다.

프로게이머는 게임을 취미로 하는 게 아니라 직업으로 삼아 하는 사람이다. 게임 대회에 참가하여 우승하는 것을 목표로 하는데, 운동선수가 꾸준히 훈련을 하는 것처럼 프로게이머도 매일 게임을 하고 상대편을 연구한다든가 새로운 기술을 연습한다든가 해야 한다. 집중력과 판단력이 중요한 데다가 게임에 따라 혼자서 하는 게임도 있고 팀으로 하는 게임도 있어서 대인 관계가 좋은 사람이 게임을 잘할 수 있다고 한다.

크리에이터는 온라인에 사진이나 동영상 등을 올리는 사람을 말한다. 이전에는 취미로 하는 사람들이 많았는데, 최근에는 이런 활동으로 많은 돈을 벌 수 있게 되면서 회사를 그만두고 크리에이터 활동만 하는 사람들도 늘고 있다. 크리에이터는 만드는 영상의 주제에 따라 먹방·게임·뷰티·여행 크리에이터 등으로 나뉜다. 처음에는 혼자서 모든 것을 하는 1인 크리에이터로 시작했다가 구독자 수가 많아지고 점점 규모가 커지면 기획, 촬영, 편집 등을 도와주는 회사에 소속되어 활동하기도 한다. 이와 같은 크리에이터를 '기업형 크리에이터'라고 부른다.

이처럼 취미도 계속해서 발전시켜 나가면 전문적인 직업으로 삼을 수 있는 시대가 되었다. 앞으로도 프로게이머나 크리에이터처럼 취미가 직업이 되는 분야는 점점 늘어날 전망이다.

1 질문에 답하세요.

(1) 프로게이머는 무엇을 목표로 게임을 합니까?

(2) 어떤 사람이 게임을 잘할 수 있다고 합니까?

(3) 크리에이터는 무엇을 하는 사람입니까?

(4) 1인 크리에이터와 기업형 크리에이터의 차이는 무엇입니까?

2 여러분의 생각을 이야기해 보세요.

(1) 크리에이터가 된다면 어떤 분야의 크리에이터가 되고 싶습니까?

(2) 직업으로 발전시킬 수 있는 취미는 어떤 것이 있습니까?

(3) 여러분은 어떤 직업을 갖고 싶습니까?

희망 직업	
이유	
해야 하는 노력	

방과 후 │ 발달 │ 보급 │ 프로게이머 │ 규모 │ 기획 │ 편집 │ 소속되다 │ 발전시키다 │ 전문적

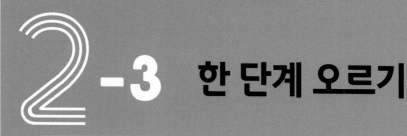

생각해 봅시다

◉ 다음 어휘와 문법 중 잘 이해하고 있는 것에 표시(✔)하세요.

☐ 진로   ☐ 퇴사   ☐ 경력
☐ 금융업   ☐ 전문직   ☐ 도전하다
☐ 적응하다   ☐ 적성에 맞다   ☐ 전망이 밝다
☐ 종사하다   ☐ 정년이 보장되다   ☐ 일자리를 잃다

☐ 고향에 **돌아가는 대로** 여자 친구부터 만날 거예요.

☐ 여자 친구와 맛있는 음식을 **먹는다든가** 재미있는 영화를 **본다든가** 하면서 놀 거예요.

☐ 대학교에서 디자인을 공부하고 있는데 **전공을 살려** 패션 디자이너가 되고 싶어요.

☐ **기분에 따라서** 입고 싶은 옷의 색깔이 달라져요.

☐ 첸 씨가 사람들을 잘 챙기니까 반장을 **했으면 합니다.**

☐ **IT 업종은** 업무의 종류에 **따라서** 기획자, 개발자, **디자이너로 나뉜다.**

◉ 아래의 문장을 보고 보기 와 같이 이야기해 보세요.

한국은 내년에 일자리가 많아져서 경제 전망이 어둡다고 합니다.

보기

이 문장에서 전망이 어둡다는 표현이 이상하지 않아요?

'전망이 어둡다'는 미래 상황이 안 좋다는 표현이니까 이 문장에 안 맞는 것 같아요. '어둡다' 대신에 '밝다'라고 쓰는 게 자연스러울 것 같아요.

1 다음 중 단어가 어색하게 쓰인 문장이 없는지 친구와 이야기해 보세요.

(1) 그 일이 적성에 맞지 않는 것 같아서 퇴사했습니다.

(2) 금융업에 10년 동안 도전했는데 지난달에 일자리를 잃었습니다.

(3) 유학을 와서 새로운 환경에 적응하는 것이 생각보다 어려웠습니다.

(4) 정년이 보장되는 직업을 가지고 싶어서 공무원 시험에 적응하려고 합니다.

(5) 대학교에 가려고 했는데 경제 상황이 안 좋아서 공장에 진로를 하기로 결정했습니다.

2 다음 중 문법이나 표현이 어색하게 쓰인 문장이 없는지 친구와 이야기해 보세요.

(1) 내일은 날씨가 좀 따뜻했으면 하다.

(2) 친구를 만나는 대로 선물을 줄 계획입니다.

(3) 유학 시절의 경험을 살리면 유학생을 위한 앱을 만들었다.

(4) 방이 너무 좁아서 좀 더 넓은 집으로 이사를 갔으면 합니다.

(5) 밤에 잠이 안 오면 우유를 마시다든가 책을 보다든가 해 보세요.

(6) 학교 규정에 따라 10일 이상 결석하면 안 됩니다.

(7) 휴대폰은 기능에 따라서 일반 휴대폰과 스마트폰을 나뉜다.

3 아래 그림을 보고 배운 문법과 표현을 사용해서 짧은 이야기를 만들어 보세요.

대학 졸업 전까지 두 학기가 남았다. 그래서 이번 학기가 끝나는 대로 _____

_____

_____

_____

_____

어휘 늘리기

● 다음은 직업과 관련된 어휘입니다. 다음 단어에 대해 알아보고 친구와 함께 질문에 대답해 보세요.

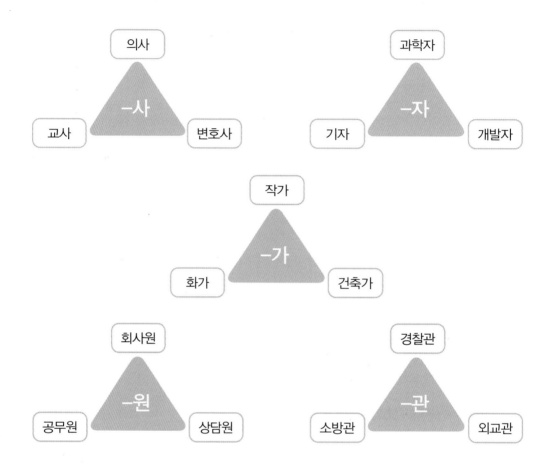

• 위의 표현이 들어간 다른 직업에는 어떤 것이 있습니까?

> 예 '사'자가 들어간 직업에는 검사가 있습니다.

• 어떤 사람이 위의 직업을 가지면 잘할 것 같습니까?

• 위의 직업을 가지려면 어떤 과정이 필요할 것 같습니까?

1 다음 속담에 대해 알아보세요.

하늘의 별 따기

우물 안 개구리

급할수록 돌아가라

고생 끝에 낙이 온다

천 리 길도 한 걸음부터

(1) (　　　　　　　　　) : 넓은 세상을 알지 못하는 사람

(2) (　　　　　　　　　) : 무엇을 얻거나 성공하기가 어려움.

(3) (　　　　　　　　　) : 아무리 어려운 일도 시작이 중요함.

(4) (　　　　　　　　　) : 어려운 일을 겪은 후에 좋은 일이 생김.

(5) (　　　　　　　　　) : 서두르면 실수할 수 있으니 천천히 해야 함.

2 빈칸에 알맞은 말을 써 보세요.

(1) 가 취업 준비를 하려고 하는데 어떤 것부터 해야 할지 모르겠어.
　　 나 (　　　　　　　　　) 이력서부터 써 보는 게 어때?

(2) 가 왜 이렇게 취직이 안 되지? 빨리 돈을 벌어야 하는데.
　　 나 조급하면 일이 더 잘 안 되는 거야. (　　　　　　　　　) 마음을 편하게 하고 천천히 준비해 봐.

(3) 가 오성전자에 합격했어?
　　 나 아니, 대기업에 취업하는 게 쉬운 줄 알아? 오성전자에 입사하는 건 (　　　　　　　　　).

(4) 가 며칠 동안 잠도 안 자고 하는데 이번 프로젝트가 안 끝나서 스트레스 받아요.
　　 나 (　　　　　　　　　) 이번 일이 잘 마무리되면 특별 휴가를 준다고 하니까 힘내요.

(5) 가 외국 회사로 옮겼다면서? 어때?
　　 나 전에 다니던 회사에서는 내가 제일 똑똑한 줄 알았는데 이 회사에 오니까 능력 있는 사람도 많고 새로 배우는 것도 정말 많아. 그동안 (　　　　　　　　　).

 ・구하기 힘든 물건을 얻거나 성공하기 힘든 일을 해낸 경험이 있습니까?
・자신이 우물 안 개구리였다고 느낀 적이 있습니까?

실전 말하기

● 다음은 자신의 경험에 대한 발표입니다.

Track 10

 안녕하세요? 저는 오늘 제가 아르바이트를 하면서 배운 것에 대해 소개하고자 합니다. 저는 스무 살에 택배 회사에서 아르바이트를 한 적이 있습니다. 단순하게 택배를 분류하는 일이라고 생각했는데 제 생각과 달리 복잡하고 어려웠습니다. 다행히 주변 분들이 많이 도와주셔서 점차 익숙해졌는데요. 시간이 지나면서 어떤 기준에 따라 택배를 분류하고 정리를 해야 하는지 기준을 확실히 파악하게 되었고 어떤 순서로 일을 해야 하는지 눈에 보이기 시작했습니다. 그 과정에서 "천 리 길도 한 걸음부터"라는 말처럼 어려운 일도 차근차근 해 나가면 결국 잘 해낼 수 있다는 것을 경험했습니다.

택배 작업은 매우 힘든 일이었는데 몸을 움직여 일을 하는 동안 체력이 좋아지는 것을 느낄 수 있었습니다. 또한 몸을 써서 일하면서 마음도 편안해진다는 것을 깨닫게 됐습니다. 만약 제가 택배 아르바이트를 하지 않았다면 이런 소중한 깨달음을 얻지 못했을 것입니다. 앞으로도 다양한 경험을 통해 제가 알지 못했던 새로운 것들을 배워 나갔으면 합니다.

① 자신의 경험을 간단하게 메모해 보세요.

경험	배우고 느낀 것
	•
	•

② 다음 표현을 사용해서 경험을 통해 배운 것들에 대해 발표해 보세요.

처음	저는 _____ –(으)면서 배운 것에 대해 소개하고자 합니다.
중간	• 저는 시간 에 장소 에서 _____ –(으)ㄴ 적이 있습니다. • _____ –다고 생각했는데 제 생각과 달리 _____ –았/었습니다. • 시간이 지나면서 _____ –기 시작했습니다. –아/어졌습니다. • _____ –(으)ㄴ/는 것을 느낄 수 있었습니다. • _____ –(ㄴ/는)다는 것을 깨닫게 되었습니다. • 만약 제가 _____ –지 않았다면 _____ –지 못했을 것입니다.
끝	앞으로도 다양한 경험을 통해 _____ –(으)ㄴ/는 것들을 배워 나갔으면 합니다. 들어주셔서 감사합니다.

발견하다 | 단순하다 | 분류하다 | 파악하다 | 차근차근 | 체력 | 편안하다 | 깨닫다

실전 쓰기

자기소개서

● 취업을 목적으로 한 자기소개서 쓰기

자기소개서

성장 과정

저는 부지런하신 부모님의 영향을 받아 어렸을 때부터 일찍 일어나는 습관을 가지게 되었습니다. 아침에 일찍 일어나 저만의 시간을 가지면서 남들보다 일찍 계획을 세우고 일찍 하루를 시작했습니다.

성격의 장점과 단점

저의 장점은 신중하고 책임감이 강하다는 것입니다. 그 덕분에 학교에서 여러 번 회장을 맡기도 했고 여러 명이 함께 해야 하는 과제를 할 때에도 팀장 역할을 자주 맡았습니다.

저는 갑자기 발생한 사건을 빠르게 해결하지 못한다는 단점이 있지만 대신 도움을 줄 만한 주변 사람들에게 물어본다든가 해서 신중하게 결정을 하고 끝까지 책임을 집니다.

학창 시절 경험 및 경력 사항

대학교 때 택배를 분류하는 아르바이트를 했는데 그곳에서 여러 종류의 택배들을 분류하면서 어떤 기준에 따라 택배를 분류하고 정리를 해야 하는지, 어떤 순서로 일을 해야 하는지 배울 수 있었습니다.

지원 동기 및 입사 후 계획

저는 물류 관리사가 되고 싶어 이 회사에 지원했습니다. 택배 아르바이트를 하면서 물류를 관리하고 유통하는 일의 중요성을 알게 되었고 이 일이 제 적성에 잘 맞겠다는 생각이 들었습니다. 입사를 한다면 제가 맡게 될 분야에서 확실하게 책임감을 가지고 열심히 하도록 하겠습니다.

신중하다 │ 책임을 지다 │ 물류 관리사 │ 유통하다

● 자기소개서 작성 가이드

내용	세부 내용
성장 과정	진로를 정하게 된 계기가 되는 사건이나 인물 소개
성격의 장점과 단점	• 장점 • 장점이 드러나는 사례 • 단점 • 단점을 극복하기 위한 노력
학창 시절 경험 및 경력 사항	• 새로운 업무에 도움을 줄 수 있는 경험이나 경력 • 기존의 경험과 새로운 업무의 비슷한 점
지원 동기 및 입사 후 계획	• 지원하게 된 이유 • 입사 후 계획

● 자기소개서를 쓰기 전에 아래에 간단하게 메모를 해 보세요.

내용	세부 내용
성장 과정	
성격의 장점과 단점	
학창 시절 경험 및 경력 사항	
지원 동기 및 입사 후 계획	

CHAPTER

03

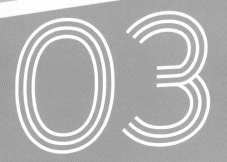

건강한 생활

3-1 너무 스트레스를 받은
나머지 잠을 못 잤어요

문법 1   A/V-(으)ㄴ 나머지

문법 2   A/V-(으)ㄹ지도 모르다

어휘와 표현   스트레스와 건강
N에/에게 (지나치게)
신경(을) 쓰다

듣고 말하기   스트레스 해소

3-2 우유를 마시기만 하면
배탈이 나곤 해요

문법 1   V-기만 하면

문법 2   V-곤 하다

어휘와 표현   우리 몸 이야기
V-는 데(에) 도움이 되다

읽고 말하기   나의 첫 한의원 체험기

3-3 한 단계 오르기

생각해 봅시다   3단원 자기 점검

어휘 늘리기   스트레스 증상
사자성어 1

실전 말하기   증상 설명하기

실전 쓰기   비교하기

3-1 너무 스트레스를 받은 나머지 잠을 못 잤어요

- 여러분은 주로 언제 스트레스를 받습니까?
- 스트레스를 푸는 방법에는 어떤 것들이 있습니까?

문법 1

A/V-(으)ㄴ 나머지

엠마 씨, 얼굴이 안 좋아 보여요.

어제 면접시험을 봤는데 너무 긴장한 나머지 쉬운 질문에도 대답을 못했어요.

> 정도가 심한 앞의 내용이 원인이 되어 뒤의 결과가 생길 때 사용한다. 주로 '너무, 심하게, 지나치게' 등과 함께 쓰인다. 뒤의 결과는 부정적일 때가 많으나 일반적으로 잘 일어나지 않는 일을 나타낼 때도 사용한다.

너무 **긴장한 나머지**	쉬운 질문에도 대답을 못했어요.
↓	↓
정도가 심한 원인, 이유	부정적이거나 일반적이지 않은 일

- 대학에 합격했다는 소식을 듣고 **기쁜 나머지** 소리를 질렀어요.
- 고향에 있는 가족들이 **그리운 나머지** 매일 가족들 꿈을 꿔요.
- 아침에 너무 **서두른 나머지** 지갑을 놓고 나왔어요.
- 아이돌 가수를 너무 **좋아한 나머지** 같은 앨범을 스무 장 넘게 샀어요.

연습

문장을 만들어 보세요.

(1) 날마다 배달 음식을 시켜 먹다 / 건강이 나빠지다

→ _____

(2) 하루 종일 태블릿으로 수업을 듣다 / 눈이 빨개지다

→ _____

(3) 바람이 많이 불다 / 간판이 떨어지다

→ _____

1 보기와 같이 이야기해 보세요.

보기

병원에 다녀오다　　　　　　　더워서 찬 음료를 많이 마시다, 배탈이 나다

왜 병원에 다녀왔어요?

더워서 찬 음료를 많이 마신 나머지 배탈이 났거든요.

(1) 약속 시간에 늦다　　　　　　딴생각에 너무 집중하다, 내릴 역을 놓치다

(2) 학기 중에 이사하다　　　　　윗집 소음이 심해서 스트레스를 받다, 잠을 잘 못 자다

(3) 룸메이트가 화가 나다　　　　룸메이트가 쓴 일기 내용이 궁금하다, (　　　　　　　　)

(4) 말하기 시험 점수가 나쁘다　(　　　　　　　　), 대답을 잘 못하다

2 어떤 감정이 지나쳐서 평소와 다른 행동을 한 적이 있습니까? 다음과 같이 경험을 이야기해 보세요.

저는 여자 친구 부모님을 만났을 때 너무 긴장한 나머지 한국어가 생각나지 않아서 프랑스어로 말한 적이 있어요. 다행히 여자 친구 부모님께서 괜찮다고 말씀하시면서 웃어 주셔서 긴장이 풀렸어요.

언제	?
감정	화가 나다
결과	?

언제	?
감정	좋아하다
결과	?

언제	여자 친구 부모님을 만나다
감정	긴장하다
결과	프랑스어로 말하다

언제	?
감정	기쁘다
결과	?

언제	?
감정	답답하다
결과	?

문법 2

A/V-(으)ㄹ지도 모르다

오늘도 응원하러 야구장에 갈 거예요?

네, 지난번엔 졌지만 오늘은 우리 팀이 이길지도 몰라요.

1. 어떤 상황에 대한 가능성을 추측하여 말할 때 사용한다. 주로 확률이 낮다고 생각하는 것을 이야기할 때 쓴다.

오늘은 우리 팀이 **이길지도 몰라요**.

↓

불확실한 가능성에 대한 추측

- 오늘 발표 준비 때문에 **늦을지도 몰라요**.
- 집에 택배가 **도착했을지도 모르니까** 빨리 가 봐야겠어요.
- TV에서 본 적은 없지만 저렇게 예쁜 걸 보면 **배우일지도 몰라요**.

2. 불확실한 가능성을 추측하여 말할 때 사용하는데 말하는 사람의 걱정스러운 마음을 드러낸다.

갑자기 비가 **올지도 모르니까**   우산을 가지고 가세요.

↓   ↓

불확실한 가능성을 걱정함   **대비하는 행동**

- 책상 위에 있는 커피가 **뜨거울지도 모르니까** 조심하세요.
- 여행 날 아침에는 시간이 **부족할지도 모르니까** 전날 짐을 싸 두려고요.
- 동생 옷을 한 벌 샀는데 S 사이즈는 **작을지도 몰라서** M 사이즈로 샀어요.

연습

● 문장을 만들어 보세요.

(1) 선생님이 아직 학교에 계시다 / 사무실에 가서 물어보다

→ _____

(2) 여행지에서 아프다 / 미리 약을 가지고 가다

→ _____

(3) 다른 사람이 듣다 / 조용히 이야기하다

→ _____

1 보기 와 같이 이야기해 보세요.

보기 음식을 그렇게 많이 만들다

음식을 그렇게 많이
만들려고요?

음식이 부족하다, 많이 준비해 두다

음식이 부족할지도 모르니까
많이 준비해 두려고요.

(1) 친구에게 미리 전화하다　　　　　　　　친구가 집에 없다, 전화해서 확인하다

(2) 수업이 끝나는 대로 식당에 가다　　　　　오래 기다리다, 서둘러서 가다

(3) 영화표를 사다　　　　　　　　　　　　(　　　　　　　　), 빨리 예매하다

(4) 커피를 안 마시다　　　　　　　　　　　(　　　　　　　　), 오늘은 주스를 마시다

2 다음과 같은 상황에서 어떤 일이 생길 것 같습니까? 가능성을 추측해 보고 미리 준비하면 좋은 점도 이야기해 보세요.

공항에서 짐을 찾을 때
다른 가방과 바뀔지도
모르니까 이름표를 다세요.

제 가방과 비슷한 가방이
많아서 고민이었는데
그렇게 하는 게 좋겠어요.

공항에서 짐을 찾다	음식이 입에 안 맞다	후기를 잘 읽다
인터넷으로 쇼핑하다	**다른 가방과 바뀌다**	천천히 걷다
해외에서 여행하다	넘어져서 다치다	**이름표를 달다**
눈이 와서 길이 미끄럽다	제품이 사진과 다르다	고향 음식을 챙기다
?	?	?

대화

● 대화를 듣고 따라 읽어 보세요.

엠마   마크, 살이 좀 빠진 것 같아. 요즘 다이어트 해?

마크   아니. 사실은 스트레스를 받은 나머지 입맛을 잃어서 살이 빠졌어. 오늘도 하루 종일 아무것도 못 먹었어.

엠마   계속 그렇게 안 챙겨 먹으면 쓰러질지도 몰라. 그런데 무슨 일로 스트레스를 받고 있어?

마크   한국어 공부를 시작한 지 1년이 됐는데 아직도 한국어가 너무 어려워. 하고 싶은 말이 있어도 못할 때가 많아서 답답해.

엠마   나도 그 마음 이해해. 하지만 급할수록 돌아가라는 말도 있잖아. 너무 급하게 생각하지 마. 같이 맛있는 걸 먹으면서 기분을 푸는 게 어때?

마크   고마워, 엠마. 계속 굶었더니 배가 고프네. 뭘 좀 먹는 게 좋겠어.

어휘와 표현

1 다음 단어에 대해 알아보고 빈칸에 알맞은 말을 쓰세요.

증상	수면	불면증	우울증	해소법
감기 증상	수면 시간	불면증이 생기다	우울증에 걸리다	스트레스 해소법

(1) (   ) (2) (   ) (3) (   ) (4) (   ) (5) (   )

2 다음 단어와 의미가 맞는 것을 연결하세요.

(1) 앓다   •   • ㉮ 작은 것에도 지나치게 반응하다

(2) 예민하다   •   • ㉯ 사람의 몸이나 마음에 안 좋은 영향을 주다

(3) 잠을 설치다   •   • ㉰ 음식을 먹고 싶어 하는 마음이 없어지다

(4) 건강을 해치다   •   • ㉱ 병이나 고민 등으로 고통을 겪다

(5) 식욕이 떨어지다   •   • ㉲ 잠을 제대로 이루지 못하다

오늘의 표현

N에/에게 (지나치게) 신경(을) 쓰다
작은 것 하나까지도 마음에 두고 생각함을 나타낸다.

- 시험 결과에 너무 **신경을 써서** 잠을 설쳤다.
- 이사 때문에 이것저것에 **신경을 써야** 해서 예민해졌다.
- 아이에게 **지나치게 신경을 쓰는** 부모가 많아지고 있다.

듣고 말하기 1

◉ 지금 여자는 어떤 기분일까요?

① 다음을 잘 듣고 대답해 보세요.

Track 12

(1) 여자는 수업 후에 무엇을 합니까?

(2) 여자가 걱정하는 것은 무엇입니까?

(3) 어떤 일을 처음 시작할 때 스트레스를 받은 적이 있는지 이야기해 보세요.

동문서답

듣고 말하기 2

1 다음 토크 콘서트 내용을 잘 듣고 질문에 답하세요.

Track 13

(1) 토크 콘서트의 주제는 무엇입니까?

(2) 남자가 경험한 스트레스 증상에는 어떤 것이 있습니까?

- _____

- _____

(3) '마음 연구소'에서 조사한 결과 효과적인 스트레스 해소법은 무엇이었습니까?

| | , | | , | 커피 마시기 | , | |

2 여러분의 생각을 이야기해 보세요.

(1) 현대인들은 어떤 일 때문에 스트레스를 받습니까?

(2) 자기만의 특별한 스트레스 해소법이 있습니까?

(3) 스트레스 해소에 도움이 되는 음식을 알고 있습니까?

● 다음은 유학생들이 경험하는 스트레스에 대해 조사한 결과입니다. 어려움을 겪고 있는 친구들에게 어떤 조언을 해 줄 수 있을지 이야기해 보세요.

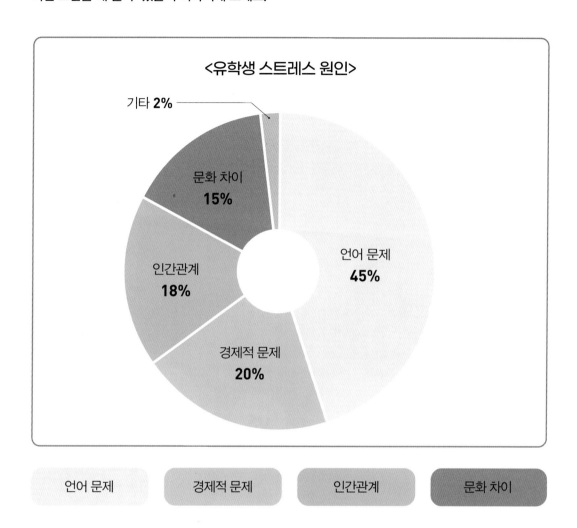

<유학생 스트레스 원인>

기타 **2%**

문화 차이 **15%**

인간관계 **18%**

언어 문제 **45%**

경제적 문제 **20%**

| 언어 문제 | 경제적 문제 | 인간관계 | 문화 차이 |

유학 생활을 하다 보면 돈 때문에 스트레스를 받게 되죠. 그럴 때는 미리 돈을 어디에 얼마나 쓸지 계획을 세워 보는 게 좋아요. 그러면 돈도 아껴 쓸 수 있고, 돈 때문에 받는 스트레스도 줄어들 거예요.

걱정거리 ┃ 구체적 ┃ 사례 ┃ 출판하다 ┃ 멍하니

3-2 우유를 마시기만 하면 배탈이 나곤 해요

VS

- 여러분은 자주 아픈 곳이 있습니까?
- 자신에게 잘 맞거나 맞지 않는 음식이 있습니까?

문법 1

V-기만 하면

체 씨는 우유를 안 좋아해요?

네, 우유를 먹기만 하면 배탈이 나서요.

어떤 일을 하거나 특정한 상황이 생기면 뒤의 행동이나 결과도 같이 나타날 때 사용한다. 앞 내용과 뒤 내용 사이에 원인과 결과 관계가 있는 것은 아니며 동사와만 쓴다.

우유를 먹기만 하면	배탈이 나요.
↓	↓
앞의 일이 생김.	뒤의 행동이나 결과도 같이 나타남.

- 두 사람은 얼굴을 **보기만 하면** 싸워요.
- 요즘은 책을 **읽기만 하면** 잠이 와요.
- TV를 **켜기만 하면** 그 배우가 나와요.
- 한국 사람들은 **만나기만 하면** 밥 먹었냐고 물어봐요.

연습

◉ 문장을 만들어 보세요.

(1) 우리 아이 / 할아버지를 보다 / 울다

→ _____

(2) 룸메이트 / 밥을 먹다 / 소파에 눕다

→ _____

(3) 새 신발을 신고 나가다 / 비가 오다

→ _____

활동

① 보기 와 같이 이야기해 보세요.

보기   새우를 안 먹다   해산물을 먹다, 설사를 하다

왜 새우를 안 먹어요?

저는 해산물을 먹기만 하면 설사를 하거든요.

(1) 술 대신 음료수를 마시다   술을 마시다, 졸리다

(2) 삼겹살을 안 시키다   돼지고기를 먹다, 배가 아프다

(3) 커피를 안 마시다   (   ), 가슴이 두근거리다

(4) 음식에서 땅콩을 빼다   (   ), 몸이 좀 가렵다

② 여러분만의 특별한 징크스가 있습니까? 다음과 같이 이야기해 보세요.

제가 응원하는 팀의 경기를 직접 보러 가기만 하면 그 팀이 경기에서 져요.

꼭 이겨야 하는 중요한 경기는 집에서 TV로 봐야겠네요.

응원하는 팀의 경기를 직접 보러 가다	그 팀이 경기에서 지다
새 우산을 가지고 나가다	잃어버리다
무서운 꿈을 꾸다	안 좋은 일이 생기다
새로 산 옷을 입고 나가다	약속이 취소되다
?	?

가렵다 | 징크스

문법 2

V-곤 하다

겨울에 피부가 건조해지면 어떻게 해요?

피부가 건조하면 팩을 하곤 해요.

> 오랜 시간에 걸쳐 같은 행동이 반복될 때 사용한다. 습관적인 행동을 나타내는데 그 행동이 현재까지 이어지면 'V-곤 하다', 과거에는 했지만 더 이상 하고 있지 않으면 'V-곤 했다'와 같이 쓴다.
>
> 피부가 건조하면 팩을 **하곤 해요.**
>
> ↓
>
> 습관적으로 반복하는 행동
>
> • 기분이 안 좋을 때 단 음식을 **먹곤 해요.**
> • 고향에 있는 가족들이 그리울 때는 영상 통화를 **하곤 한다.**
> • 중학생 때는 시험 전날 밤을 **새우곤 했어요.**
> • 유학을 오기 전에는 주말마다 집 근처에 있는 수영장에 **가곤 했어요.**

연습

● 문장을 만들어 보세요.

(1) 휴일에 시간이 나다 / 등산을 하다

→ _____

(2) 공부하다가 졸리다 / 커피를 마시다

→ _____

(3) 어렸을 때 발표를 하다 / 얼굴이 빨개지다

→ _____

1 보기 와 같이 이야기해 보세요.

보기　　　몸이 아프다　　　　　　　　　괜찮아지다, 집에서 푹 쉬다

몸이 아프면 어떻게 해요?

괜찮아질 때까지 집에서 푹 쉬곤 해요.

(1) 친구와 싸우다　　　　　　　　　친구의 화가 풀리다, 기다리다

(2) 찍은 사진이 마음에 안 들다　　　마음에 들다, 다시 찍다

(3) 숙제가 어렵다　　　　　　　　　이해가 되다, (　　　　　　　　)

(4) 기분이 안 좋다　　　　　　　　　기분이 다시 좋아지다, (　　　　　　　　)

2 예전에는 자주 했는데 지금은 달라진 것이 있습니까? 다음과 같이 이야기해 보세요.

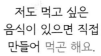

예전에는 먹고 싶은 음식이 있으면 부모님께서 만들어 주시곤 했는데 요즘은 제가 직접 만들어 먹어요.

저도 먹고 싶은 음식이 있으면 직접 만들어 먹곤 해요.

상황	과거	현재
먹고 싶은 음식이 있다	부모님이 만들어 주다	직접 만들어 먹다
주말에 시간이 있다	운동을 하다	집에서 쉬다
생일이 되다	친구들과 파티를 하다	?
화가 나다	?	음악을 듣다
?	?	?

대화

● 대화를 듣고 따라 읽어 보세요.

엄마 민아 씨는 커피를 잘 안 마시네요.

민아 네, 커피 향은 좋아하는데 커피를 마시기만 하면 심장이 빨리 뛰고 두통이 생겨서요. 그래서 커피숍에 오면 차를 마시곤 해요.

엄마 커피말고 못 먹는 음식이 또 있어요?

민아 어렸을 때는 계란이 들어간 음식을 먹기만 하면 피부가 빨개지곤 했는데 크면서 괜찮아지더라고요. 요즘은 계란이 들어간 음식도 잘 먹어요.

엄마 정말 다행이네요. 나이가 들면서 몸에 맞는 음식도 달라지나 봐요.

민아 그런 것 같아요.

어휘와 표현

1 다음 단어에 대해 알아보고 빈칸에 알맞은 말을 쓰세요.

체질	침	한약	한의원	민간요법
체질 개선	침을 맞다	한약을 짓다	한의원 진료	민간요법을 쓰다

(1) (   )　(2) (   )　(3) (   )　(4) (   )　(5) (   )

2 다음 단어와 의미가 맞는 것을 연결하세요.

(1) 살피다　　　•

(2) 예방하다　　•

(3) 개선하다　　•

(4) 회복하다　　•

(5) 소식하다　　•

• ㉮ 음식을 적게 먹다

• ㉯ 주의해서 자세히 보다

• ㉰ 잘못되거나 좋지 않은 것을 고쳐서 좋아지게 만들다

• ㉱ 아프거나 약해진 몸을 예전의 상태로 돌아가게 하다

• ㉲ 병이나 나쁜 일이 생기기 전에 미리 준비해서 못 오게 하다

오늘의 표현

V-는 데(에) 도움이 되다
앞에서 말한 행동이 어떤 일을 하는 것에 도움이 됨을 나타낸다.

- 충분한 수면은 병을 예방하는 데 도움이 된다.
- 한약은 체질을 개선하는 데 도움이 되기도 한다.
- 침을 맞는 것은 통증을 치료하는 데 도움이 된다.

읽고 말하기 1

● 사람의 체질은 어떻게 나눌 수 있을까요?

체질 테스트, 나는 어떤 체질?

	열 체질	냉 체질	
☐	몸에 열이 많다.	몸에서 만들어지는 열이 부족하다.	☐
☐	더위를 잘 타고 손발이 뜨거운 편이다.	추위를 잘 타고 손발이 차가운 편이다.	☐
☐	땀이 많은 편이다.	소화 능력이 좋지 않은 편이다.	☐
☐	**찬 성질의 음식**이 잘 맞는다. (배추, 수박, 돼지고기, 오리고기 등)	**따뜻한 성질의 음식**이 잘 맞는다. (마늘, 복숭아, 닭고기, 소고기 등)	☐

① 윗글을 읽고 질문에 대답해 보세요.

(1) 여러분은 어떤 체질에 가깝습니까?

(2) 땀이 많은 사람은 어떤 음식을 먹는 것이 좋습니까?

(3) 체질에 따라 잘 맞는 음식이 있다고 생각합니까?

열 체질 | 냉 체질 | 성질

읽고 말하기 2

● 다음은 올가의 글입니다.

나의 첫 한의원 체험기

나는 겨울이 되기만 하면 손발이 차가워지고 소화도 잘되지 않는다. 지난주에는 감기에 걸려서 고생했는데 고향인 러시아에서는 감기에 걸리면 달걀, 꿀 그리고 우유와 버터를 섞어서  마시곤 했다. 남편이 한국에서는 콩나물국을 먹는다며 끓여 줬는데 먹고 나니 몸이 개운해졌다.

감기는 빨리 나았지만 며칠 동안 기운이 없었다. 옆에서 지켜보던 남편이 같이 한의원에 가자고 했는데 사실 별로 가고 싶지 않았다. 특별히 아픈 곳이 없으니 안 가도 된다고 했는데 남편은 한약을 지어 먹으면 기력을 빨리 회복할 수 있을 거라며 나를 데리고 갔다. 한의원에 가 본 적은 없지만 TV로 침 맞는 장면을 본 적이 있어서 무섭게 느껴졌다.

한의사 선생님은 내 손목을 잡아 보신 후 눈과 입안을 살펴보셨다. 그리고 위가 약해서 소화가 잘 안될 테니 평소에 소식해야 하며 닭고기나 소고기처럼 따뜻한 성질의 음식을 먹는 게 좋다고 조언해 주셨다. 그리고 오늘은 침을 맞고 가라고 하셨다. 궁금한 점이 있으면 질문하라고 하셨는데 나보다 더 내 몸에 대해 잘 아시는 것 같아서 너무 놀랐다.

침을 맞고 한약을 지었는데 한의사 선생님은 약을 꾸준히 먹으면 체질을 개선하는 데 도움이 될 거라고 하시며 약을 먹는 동안 돼지고기는 피하라고 하셨다. 남편은 아픈 데가 없어도 몸 상태를 살피면 병을 예방할 수 있으니 한의원에 가는 것을 무서워하지 말라고 했다. 민간 요법이나 한의학의 치료법은 과학적이지 않다고 말하는 사람들도 있는데 직접 경험해 보니 건강을 지키는 데 도움이 되는 것 같다. 다음에는 더 편안한 마음으로 한의원에 갈 수 있을 것 같다.

1 질문에 답하세요.

(1) 감기에 걸렸을 때 나라별 민간요법에는 어떤 것이 있습니까?

    • 러시아 – _____

    • 한국　　 – _____

(2) 올가는 한의원에서 어떤 치료를 받았습니까?

(3) 올가가 한약을 먹는 동안 조심해야 할 것은 무엇입니까?

2 여러분의 생각을 이야기해 보세요.

(1) 올가는 어떤 체질인 것 같습니까?

(2) 외국인들이 한의원에 대해 어떻게 느끼는 것 같습니까? 그 이유는 무엇입니까?

(3) 평소에 자신의 몸 상태를 살피기 위해 하는 일이 있습니까?

◉ 여러분 고향에는 어떤 민간요법이 있습니까? 그것은 언제 사용하고 어떤 효과가 있는지 이야기해 보세요.

엄마 손은 약손

한국에서는 배가 아플 때 '○○○ 손은 약손'이라고 말하며 배를 손으로 문질러 줍니다. 그렇게 하면 마사지를 한 것과 비슷한 효과가 생겨서 아픔이 줄어든다고 합니다.

개운하다 | 기운 | 지켜보다 | 기력 | 한의사 | 한의학 | 문지르다

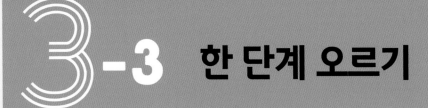

3-3 한 단계 오르기

생각해 봅시다

◉ 다음 어휘와 문법 중 잘 이해하고 있는 것에 표시(√)하세요.

☐ 증상	☐ 불면증	☐ 해소법
☐ 체질	☐ 한약	☐ 민간요법
☐ 앓다	☐ 예민하다	☐ 건강을 해치다
☐ 살피다	☐ 예방하다	☐ 회복하다

☐ 스트레스가 **심한 나머지** 불면증이 생겼어요.

☐ 지금 택시를 타면 길이 **막힐지도 모르니까** 지하철을 타세요.

☐ 요즘은 나이나 성별에 관계없이 **외모에 신경을 쓰는** 사람들이 많다.

☐ 옆집 아이는 저를 **보기만 하면** 울어요.

☐ 첸은 시험 때가 되면 도서관에서 밤늦게까지 **공부하곤 한다.**

☐ 다른 사람과 함께 운동하는 것은 스트레스를 푸는 데 도움이 **된다.**

◉ 아래의 문장을 보고 보기 와 같이 이야기해 보세요.

기력을 개선하기 위해서 한약을 지어 먹었다.

보기

기력을 개선한다는 말이
좀 어색하지 않아요?

'기력'이라는 말에는 고쳐서
좋아지게 만든다는 뜻의 '개선하다'
보다 약해진 몸을 예전의 상태로
돌아가게 한다는 '회복하다'가
더 잘 어울리는 것 같아요.

1 다음 중 단어가 어색하게 쓰인 문장이 없는지 친구와 이야기해 보세요.

(1) 독감에 걸리면 병원에 가서 예방하는 것이 좋다.

(2) 한의원에 가면 체력에 따라 사람을 두 종류로 나눈다.

(3) 늦은 시간에 음식을 먹고 자면 건강을 해칠지도 모른다.

(4) 룸메이트는 소리에 예민한 편이어서 잠을 푹 잘 때가 많다.

(5) 심한 스트레스를 받은 나머지 우울증을 앓는 사람이 늘고 있다.

2 다음 중 문법이나 표현이 어색하게 쓰인 문장이 없는지 친구와 이야기해 보세요.

(1) 여러 번 도전한 나머지 운전면허 시험에 합격했다.

(2) 체질을 알면 생활 습관을 개선하는 데 도움이 된다.

(3) 밤을 새우기만 하면 다음날 피곤했다.

(4) 많이 먹어도 살이 안 찌는 약이 만들어질지도 몰랐어요.

(5) 저는 스트레스를 받으면 공원에 가서 산책을 하곤 해요.

(6) 시간이 없어서 서두른 나머지 휴대폰을 잊어버리고 그냥 왔어요.

(7) 어렸을 때 초콜릿을 너무 좋아한 나머지 매일 저녁마다 먹곤 해요.

○ 아래 그림을 보고 배운 문법과 표현을 사용해서 짧은 이야기를 만들어 보세요.

나는 숫자 4를 보기만 하면 안 좋은 일이 생기곤 한다. 오늘 오후에 시계를 봤는데 시간이 4시 44분이었다.

_____

_____

_____ 친구의 말대로 너무 신경을 쓰지 않도록 노력해야겠다.

어휘 늘리기

● 다음은 스트레스 증상과 관련된 표현입니다.
다음 단어에 대해 알아보고 친구와 함께 질문에 대답해 보세요.

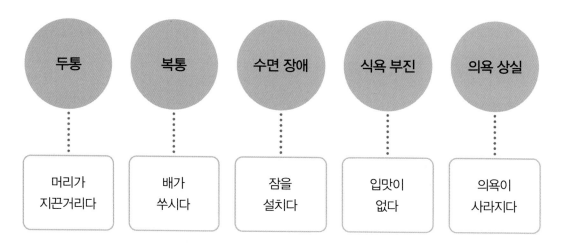

두통	복통	수면 장애	식욕 부진	의욕 상실
머리가 지끈거리다	배가 쑤시다	잠을 설치다	입맛이 없다	의욕이 사라지다

• 위의 증상은 언제 나타납니까?

> 예 시험 기간이 되기만 하면 머리가 지끈거려요.

• 약을 먹지 않고 위의 증상을 낫게 하는 방법이 있습니까?

• 위의 증상을 겪어 본 적이 있습니까? 어떤 이유로 그런 증상을 겪었고, 어떻게 해서 나았습니까?

1 다음 사자성어에 대해 알아보세요.

단도직입	동문서답
우문현답	이실직고
호언장담	횡설수설

(1) (　　　　　　　　) : 질문과 전혀 상관없는 대답

(2) (　　　　　　　　) : 숨기지 않고 사실을 있는 그대로 말함.

(3) (　　　　　　　　) : 지혜롭지 않은 질문에 대한 현명한 대답

(4) (　　　　　　　　) : 긴장하거나 정신이 없어서 말을 제대로 못함.

(5) (　　　　　　　　) : 무엇에 대해 자신의 말이 맞다고 씩씩하고 자신 있게 말함.

(6) (　　　　　　　　) : 불필요한 말을 하지 않고 바로 중요한 것에 대해 말함.

2 빈칸에 알맞은 말을 써 보세요.

(1) 가 표정이 어둡네요. 안 좋은 일이 있었어요?
　　나 발표할 때 너무 긴장한 나머지 준비했던 말은 못하고 (　　　　　　　)했어요.

(2) 가 상대방에게 잘못한 게 있을 때는 솔직하게 (　　　　　　)하는 게 가장 좋은 것 같아.
　　나 맞아. 숨기려고 하면 스트레스만 더 쌓이더라고.

(3) 가 다리를 다쳐서 한의원에 다녀왔다면서요? 걷는 건 괜찮아요?
　　나 네. 다리는 괜찮은데 너무 부끄러웠어요. 한의사 선생님이 어떻게 하다가 다쳤냐고 물어보셨는
　　　　데 어제 다쳤다고 (　　　　　　)했거든요.

(4) 가 혼자서 고민만 하지 말고 룸메이트한테 같이 살면서 불편한 점을 (　　　　　　)적으로 말
　　　해 보지 그래요?
　　나 괜히 이야기해서 사이가 나빠질지도 모르잖아요.

(5) 가 이번 시험에서 꼭 1등 하겠다고 (　　　　　　)을/를 하더니 결과는 어때요?
　　나 제가 한 말은 다 잊어 주세요.

(6) 가 서준 씨가 두통 때문에 힘든데 어떻게 해야 하냐고 물어봐서 매일 술 마시는 습관부터 고치라
　　　고 말해 줬어요.
　　나 (　　　　　　)(이)네요. 매일 늦게까지 술을 마시면 당연히 머리가 아프죠.

 • 단도직입적으로 말하는 방식에 대해 어떻게 생각합니까?
　　　　　• 횡설수설하지 않고 말하는 방식에는 어떤 것이 있습니까?

실전 말하기

● 다음은 환자와 의사의 대화입니다.

Track 15

환자 아침에는 괜찮다가 점심때부터 자기 전까지 계속 머리가 아파요. 지난주부터 잠을 잘 못 잤는데 이번 주에는 머리가 지끈거리는 증상이 더 심해졌어요. 그리고 앉아 있다가 일어서면 어지러워서 잠깐 서 있다가 움직일 때도 많아요. 인터넷에서 검색해 보니까 빈혈 증상인 것 같은데 맞나요?

의사 환자 분의 말씀만 듣고 빈혈이다, 아니다 말씀드리긴 어렵지만 여성 분들은 약한 빈혈이 있는 경우가 많지요. 예전에도 그런 증상이 있으셨나요?

환자 스트레스를 받을 때 두통이 있긴 했는데 빈혈 때문에 약을 먹거나 치료를 받았던 적은 없어요.

의사 그러시군요. 지금 따로 드시는 약은 없으시죠?

환자 네, 머리가 심하게 아플 때 한 번씩 진통제를 먹는데 그것 말고 따로 먹고 있는 약은 없어요.

의사 알겠습니다. 우선 저쪽에서 빈혈 검사받고 여기로 오시면 이어서 말씀 드릴게요.

● 여러분은 살면서 어떤 증상을 경험해 봤습니까? 언제 왜 그런 증상이 나타났습니까?

두통	복통	소화불량

빈혈	어지럼증	구토	불면증

우울증	식욕 부진	의욕 상실

● 다음 표현을 사용해서 의사 선생님께 자신의 증상을 설명해 보세요.

증상 설명 하기	증상이 나타나는 부위	• 계속 _____ 이/가 아파요(안 좋아요). • 갑자기 _____ 에 통증이 느껴져요.
	증상 시작 시기	_____ 부터 _____ 증상이 있어요.
	구체적 증상	그리고 _____ –(으)ㄹ 때도 많아요.
	과거에 치료받은 경험	• 예전에 _____ 때문에 _____ 동안 치료를 받았어요. • _____ (으)로 치료를 받은 적은 없어요.
	복용 중인 약물	• _____ 약을 먹고 있어요. • 따로 먹는 약은 없어요.

빈혈 ┃ 따로 ┃ 진통제 ┃ 소화불량 ┃ 어지럼증 ┃ 구토 ┃ 부위 ┃ 통증 ┃ 복용 ┃ 약물

실전 쓰기

비교하기

● 둘 이상의 것을 놓고 서로 간의 공통점과 차이점을 밝혀서 쓰기

> **보기**
>
>
>
>
> 한국 역사 드라마에는 왕이 나오는 경우가 많다. 드라마에 자주 나오는 대표적인 조선 시대 왕으로 영조와 정조를 들 수 있다. 두 왕은 모두 한국 역사에서 중요한 인물이라고 할 수 있다. 영조와 정조는 나라를 편안하게 만들려고 노력했다는 공통점이 있다. 그런데 즐겨 먹는 음식은 서로 달랐다. 영조는 냉 체질인 데에 비해 정조는 열 체질이어서 영조가 건강을 위해 인삼을 자주 먹었던 것과 다르게 정조는 적은 양의 인삼도 피했다. 이처럼 영조와 정조는 훌륭한 왕이라는 점은 같지만 체질에서는 차이가 난다.

● 문장 구성

내용	표현
화제	_____ (으)로 _____ 을/를 들 수 있다.
공통점	• _____ 과/와 _____ 은/는 모두 _____ (이)라고 할 수 있다. • _____ 과/와 _____ 은/는 _____ -(ㄴ/는)다는 공통점이 있다.
차이점	• 그런데 _____ 은/는 _____ -지만 _____ 은/는 _____ -(ㄴ/는)다. • _____ 은/는 _____ -(으)ㄴ/는 데에 비해 _____ 은/는 _____ -(ㄴ/는)다. • _____ 이/가 _____ -(으)ㄴ/는 것과 다르게 _____ 은/는 _____ -(ㄴ/는)다.
요약	이처럼 _____ 과/와 _____ 은/는 _____ -(ㄴ/는)다는 점은 같지만 _____ 에서는 차이가 난다.

1 다음 내용을 보고 질문에 대한 답을 문장으로 써 보세요.

	한의학	서양 의학
화제	건강한 삶을 살 수 있게 도와주는 학문	
공통점	사람의 병을 치료해 주는 학문이다. 오랫동안 전문적으로 공부해야 한다.	
차이점 관심 분야	병의 예방에 관심이 많다.	예방보다 치료에 더 집중한다.
특징	체질에 따라 치료법이 다르다.	증상이 같으면 치료법이 같다.

(1) 건강한 삶을 살 수 있게 도와주는 학문에는 어떤 것 있습니까?

화제

_____

_____

(2) 한의학과 서양 의학의 공통점과 차이점은 무엇입니까?

공통점
차이점

_____

_____

_____

(3) 무엇을 기준으로 두 의학을 살펴보았습니까?

요약

_____

_____

조선 ｜ 인물 ｜ 훌륭하다 ｜ 화제 ｜ 요약

CHAPTER

4-1 두 사람 사이가 얼마나 나쁜지 서로 말도 안 해요

문법 1   V-는 둥 마는 둥 하다

문법 2   얼마나(어찌나) A-(으)ㄴ지/ V-는지 (모르다)

어휘와 표현   비난과 비판 V-(으)ㄹ 게 아니라

듣고 말하기   상처의 말

4-2 옆집 사람들이 밤늦도록 떠들어 대서 힘들어요

문법 1   V-도록

문법 2   V-아/어 대다

어휘와 표현   이웃과의 갈등 N에 따르면

읽고 말하기   층간 소음

4-3   한 단계 오르기

생각해 봅시다   4단원 자기 점검

어휘 늘리기   연어(받다/겪다) 사자성어 2

실전 말하기   의견 말하기

실전 쓰기   주장하기

4-1 두 사람 사이가 얼마나 나쁜지 서로 말도 안 해요

- 다른 사람에게 들으면 기분이 나쁜 말은 무엇입니까?
- 친구와 사이가 멀어진 적이 있습니까? 어떤 이유로 멀어졌습니까?

문법 1

V-는 둥 마는 둥 하다

엠마 씨,
아침 먹고 왔어요?

입맛이 없어서 아침을
먹는 둥 마는 둥 하고
학교에 왔어요.

어떤 행동을 해야 하는 상황에서 그 일을 제대로 하지 않고 대충 하고 있음을 말할 때 사용한다.

아침을 먹는 둥 마는 둥 하고   학교에 왔어요.

↓

제대로 하지 않고 대충 함.

- 친구와 싸우고 기분이 나빠서 수업을 듣는 **둥** 마는 **둥** 했다.
- 어제 잠을 **자는 둥** 마는 **둥** 해서 하루 종일 졸려요.
- 늦잠을 자서 세수를 **하는 둥** 마는 **둥** 하고 학교에 왔어요.
- 손을 **씻는 둥** 마는 **둥** 하지 말고 깨끗하게 씻으세요.

연습

◉ 문장을 만들어 보세요.

(1) 책이 재미없다 / 읽다

→ _____

(2) 지각할 것 같다 / 신발을 신다 / 밖으로 나가다

→ _____

(3) 시간이 없다 / 친구들에게 인사하다 / 아르바이트를 하러 가다

→ _____

1 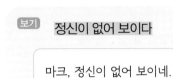 와 같이 이야기해 보세요.

보기 정신이 없어 보이다   늦잠을 자다, 세수를 하다, 학교에 오다

마크, 정신이 없어 보이네.

늦잠을 자서
세수도 하는 둥 마는 둥 하고
학교에 왔거든.

(1) 힘이 없어 보이다   어제 입맛이 없다, 저녁을 먹다, 잠자리에 들었다

(2) 졸려 보이다   일을 끝내야 하다, 어젯밤에 잠을 자다, 일을 했다

(3) 시험 점수가 안 좋다   시간이 부족하다, (   ), 시험을 봤다

(4) 방이 지저분하다   아까 급한 일이 있다, 청소하다, (   )

2 정신없고 힘들었던 '나의 하루'에 대해 이야기해 보세요.

머리를 말리다	→	급하게 나오다	→	수업을 듣다	→	졸다	→	인사 하다	→	아르바이트 하러 가다	→	양치 하다	→	잠자리에 들다

〈카린의 하루〉

어제는 정말 정신없는 하루였어요.
아침에 학교에 늦을까 봐 **머리를** 말리는 둥 마는 둥 하고 급하게 나왔어요.
학교에 가서   .
수업이 끝난 후에는 친구들에게   .
아르바이트가 끝난 후에 너무 힘들어서   .

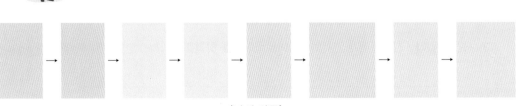

〈나의 하루〉

문법 2

얼마나(어찌나) A-(으)ㄴ지/ V-는지 (모르다)

두 사람이 사이가 나빠요?

네, 두 사람 사이가 얼마나 나쁜지 서로 말도 안 해요.

1. 어떤 상태나 정도가 대단함을 말할 때 사용한다.

그 식당에 한번 가 보세요.　　　음식이 **얼마나 맛있는지** 몰라요.

↓

정도가 대단함.

- 그 커피숍에 한번 가 보세요. 분위기가 **얼마나 좋은지** 몰라요.
- 카린 씨가 한국어를 **얼마나 잘하는지** 몰라요.

2. 정도가 지나쳐서 어떤 상태가 됨을 구체적으로 말할 때 사용한다.

두 사람 사이가 **얼마나 나쁜지**　　　서로 말도 안 해요.

↓　　　　　　　　　　　　　　↓

정도가 지나침.　　　　　　　어떤 상황이 됨.

- 빈 씨는 **어찌나 바쁜지** 항상 수업이 끝나면 인사를 하는 둥 마는 둥 하고 나가요.
- 아침을 **얼마나 많이 먹었는지** 아직도 배가 불러요.
- 서준 씨는 수업 시간에 **얼마나 적극적인지** 선생님의 질문에 항상 먼저 대답해요.

연습

◉ 문장을 만들어 보세요.

(1) 이 노래 / 멜로디 / 좋다

→ _____

(2) 집 밖 / 시끄럽다 / 밤에 제대로 잘 수 없다

→ _____

(3) 두 사람 / 닮다 / 자매 같다

→ _____

1 보기 와 같이 이야기해 보세요.

보기

요즘 일이 많다   주말에도 쉴 수 없을 때가 많다

요즘 일이 많아요?

네, 요즘 일이 얼마나 많은지 주말에도 쉴 수 없을 때가 많아요.

(1) 출퇴근하는 게 힘들다   살이 5kg이나 빠졌다

(2) 그 영화가 재미있다   시간 가는 줄 모르고 봤다

(3) (   )   못하는 요리가 없다

(4) 마크 씨가 그렇게 내성적이다   (   )

2 친구에게 추천하고 싶은 것이 있습니까? 추천하고 싶은 것을 선택해서 보기 와 같이 이야기해 보세요.

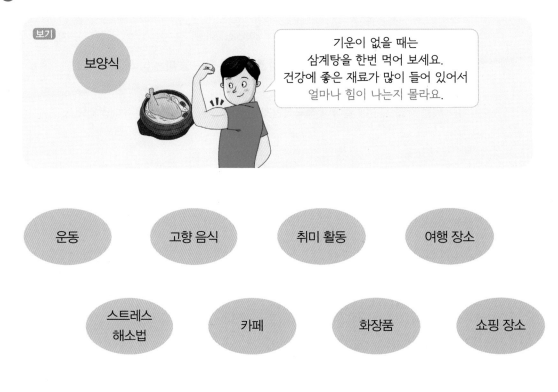

보기

보양식

기운이 없을 때는 삼계탕을 한번 먹어 보세요. 건강에 좋은 재료가 많이 들어 있어서 얼마나 힘이 나는지 몰라요.

운동   고향 음식   취미 활동   여행 장소

스트레스 해소법   카페   화장품   쇼핑 장소

대화

● 대화를 듣고 따라 읽어 보세요.

카린 엠마 씨, 왜 요즘 마크 씨를 봐도 인사를 하는 둥 마는 둥 해요?
마크 씨랑 싸웠어요?

엠마 싸운 건 아닌데 제가 마크 씨를 보면 조금 불편해서요.

카린 왜요? 무슨 일이 있었어요?

엠마 지난주에 제가 실수로 마크 씨의 공책에 커피를 쏟았는데 어찌나 화를 내던지
당황스럽더라고요. 일부러 그런 것도 아닌데요.

카린 아이고, 그런 일이 있었군요. 그래서 미안하다고 했어요?

엠마 네, 미안하다고 사과했지만 그 일이 있고 나서부터 서로 어색해진 것 같아요.

카린 같은 반 친구인데 계속 그렇게 인사도 안 하고 지내면 서로 불편할 것 같아요.
마크 씨랑 그 일에 대해서 솔직하게 이야기를 나눠 보는 게 어때요?

어휘와 표현

1 다음 단어에 대해 알아보고 빈칸에 알맞은 말을 쓰세요.

상처	충격	분노	비난	공격
상처를 받다	충격을 받다	분노하다	비난하다	공격하다

(1) (   ) (2) (   ) (3) (   ) (4) (   ) (5) (   )

2 다음 단어와 의미가 맞는 것을 연결하세요.

(1) 괴롭다 •   • ㉮ 몸이나 마음이 편하지 않고 힘들다

(2) 반응하다 •   • ㉯ 생각하는 것을 숨기지 않고 말하다

(3) 배려하다 •   • ㉰ 관심을 가지고 도와주거나 마음을 쓰다

(4) 위로를 받다 •   • ㉱ 외부의 영향을 받아 어떤 행동이나 상태가 나타나다

(5) 마음을 털어놓다 •   • ㉲ 다른 사람의 따뜻한 말이나 행동으로 힘든 마음이 덜해지다

오늘의 표현

V-(으)ㄹ 게 아니라
어떤 일을 하는 것보다 더 나은 다른 일을 제안할 때 사용한다.

- 생각나는 대로 댓글을 **달 게 아니라** 상대방의 기분을 배려하면서 글을 쓰세요.
- 친구에게 연락이 안 오면 무조건 **기다릴 게 아니라** 먼저 해 보지 그래요?
- 마음에 상처를 받았을 때 혼자 **고민할 게 아니라** 친구에게 마음을 털어놓고 이야기해 보세요.

듣고 말하기 1

● 다음은 어떤 상황일까요? 남자는 왜 잠을 못 자고 있는 것 같나요?

1 다음을 잘 듣고 대답해 보세요.

Track 17

(1) 남자는 어떤 댓글 때문에 기분이 나빴습니까?

(2) 여자는 누구에게 상처를 받았습니까?

(3) SNS에서 댓글 때문에 상처를 받은 적이 있다면 이야기해 보세요.

틈틈이 | 손해

듣고 말하기 2

1 다음 내용을 잘 듣고 질문에 답하세요.

Track 18

(1) 빈은 왜 며칠 동안 영상을 안 올렸습니까?

(2) 다음 사람들은 어떤 말 때문에 상처를 받았습니까?

    ① 여자 중학생:

    ② 할아버지:

(3) 빈은 상처가 되는 말을 들었을 때 어떤 상태가 되었다고 했습니까?

2 여러분의 생각을 이야기해 보세요.

(1) 가족이나 친구에게 어떤 말을 들었을 때 마음의 상처를 받을까요?

(2) '무심코 던진 돌에 개구리가 맞아 죽는다.'라는 말을 들어 본 적이 있습니까? 이 말의 의미는 무엇일까요?

(3) 상처의 말을 들었을 때 어떻게 반응하는 게 좋다고 생각합니까?

● 상처가 되는 말을 들었을 때 구체적으로 어떻게 극복할 수 있을지 이야기해 보십시오.

마음을 털어놓고 이야기하기!

상처가 되는 말을 들었을 때 어떻게 극복하는 게 좋을까요?

나에게 상처가 되는 말을 계속 생각할 게 아니라 내 이야기를 따뜻하게 들어줄 수 있는 인생 선배나 친구를 만나 마음을 털어놓고 이야기하면 위로를 받을 수 있을 거예요.

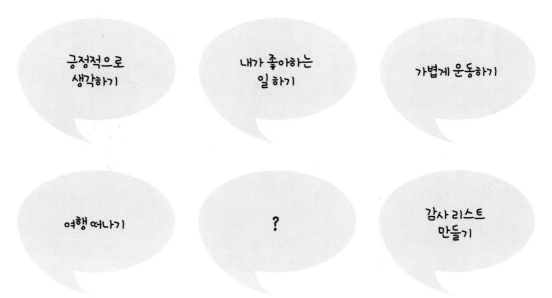

긍정적으로 생각하기

내가 좋아하는 일 하기

가볍게 운동하기

여행 떠나기

?

감사 리스트 만들기

집사람 | 허무하다 | 다루다 | 구독 | 무심코 | 극복하다

4-2 옆집 사람들이 밤늦도록 떠들어 대서 힘들어요

- 이웃이 어떤 행동을 하면 스트레스를 받습니까?
- 여러분은 참기 힘든 소음이 있습니까?

문법 1

V-도록

엠마 씨, 무슨 걱정 있어요?
얼굴이 안 좋아 보여요.

어젯밤에 4시간이 **넘도록**
보고서를 썼는데 날아가 버렸어요.

1. 시간의 정도를 말할 때 사용한다. '그 정도의 시간이 되거나 지날 때까지'의 의미로 사용된다.

   어젯밤에   4시간이 **넘도록**   보고서를 썼어요.
   ↓
   그 시간이 넘을 때까지

   • 공연 준비를 하느라고 **밤새도록** 춤 연습을 했다.
   • 이메일을 보냈는데 한 달이 **넘도록** 친구에게 답장이 없어요.

2. 정도가 심함을 나타낼 때 사용한다. '어떤 상태가 될 정도로'의 의미로 행위의 정도가 지나침을 나타낸다. 관용적인 표현과 함께 많이 사용된다.

   친구가 안 와서   **목이 빠지도록**   기다렸어요.
   ↓
   정도가 지나치게

   • 어제 콘서트에서 **목이 터지도록** 소리를 질렀어요.
   • 땀이 **나도록** 운동을 해야 운동 효과가 좋다고 합니다.

연습

● 문장을 만들어 보세요.

(1) 출발 시간 / 다 되다 / 친구가 안 오다

→ _____

(2) 하루 종일 / 다리가 붓다 / 서 있다

→ _____

(3) 밥 잘 챙겨 먹으라는 소리 / 귀에 못이 박히다 / 듣다

→ _____

활동

1 보기 와 같이 이야기해 보세요.

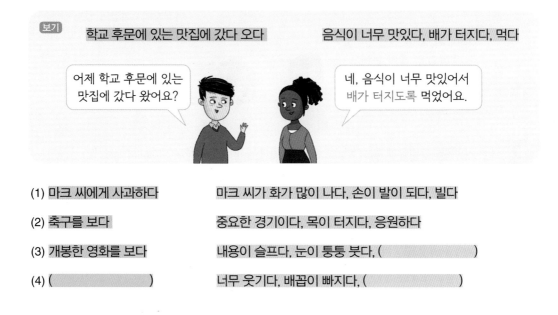

보기　학교 후문에 있는 맛집에 갔다 오다　　　음식이 너무 맛있다, 배가 터지다, 먹다

어제 학교 후문에 있는 맛집에 갔다 왔어요?

네, 음식이 너무 맛있어서 배가 터지도록 먹었어요.

(1) 마크 씨에게 사과하다　　　마크 씨가 화가 많이 나다, 손이 발이 되다, 빌다

(2) 축구를 보다　　　중요한 경기이다, 목이 터지다, 응원하다

(3) 개봉한 영화를 보다　　　내용이 슬프다, 눈이 퉁퉁 붓다, (　　　　　　)

(4) (　　　　　　　　)　　　너무 웃다, 배꼽이 빠지다, (　　　　　　)

2 다음 상황에 대해 보기 와 같이 자신의 생각을 이야기해 보세요.

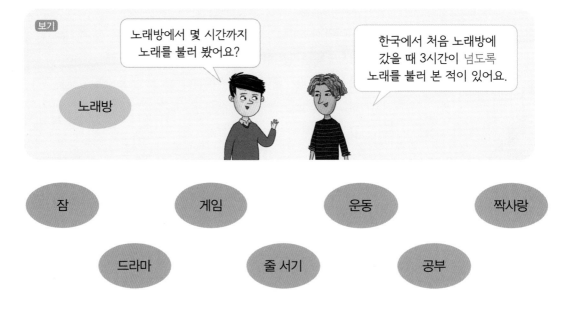

보기

노래방에서 몇 시간까지 노래를 불러 봤어요?

한국에서 처음 노래방에 갔을 때 3시간이 넘도록 노래를 불러 본 적이 있어요.

노래방

잠　　게임　　운동　　짝사랑

드라마　　줄 서기　　공부

문법 2

V-아/어 대다

> 엠마 씨, 요즘 스트레스를 받는 일이 있어요?

> 옆집 사람들이 밤늦도록 떠들어 대서 밤에 푹 자기가 힘들어요.

어떤 행동을 지나칠 정도로 반복하거나 정도가 심하게 계속함을 말할 때 사용한다.

옆집 사람들이 밤늦도록 **떠들어 대서**　　　　밤에 푹 자기가 힘들어요.

↓

반복되는 행동

- 수업 시간에 휴대폰 알림음이 **울려 대서** 수업에 방해가 됐어요.
- 어젯밤에 시험 때문에 스트레스를 받아서 이것저것 **먹어 댔어요.**
- 아이가 하도 **졸라 대서** 장난감을 또 사 줬어요.
- 필요 없는 물건을 **사 대면** 생활비가 부족해진다.

연습

● 문장을 만들어 보세요.

(1) 아기 / 울다 / 제대로 못 자다

→ _____

(2) 강아지 / 짖다 / 시끄럽다

→ _____

(3) 콘서트 / 소리를 지르다 / 목이 쉬다

→ _____

1 보기 와 같이 이야기해 보세요.

보기

윗집 아이들, 밤에 뛰다, 힘들다   조심해 달라고 이야기하다

> 윗집 아이들이 밤에 뛰어 대서 힘들어요.

> 그럼 조심해 달라고 이야기해 보세요.

(1) 아랫집 사람, 창문을 열고 담배를 피우다, 냄새가 나다   연기가 올라온다고 메모를 붙이다

(2) 동생, 하루 종일 게임만 하다, 걱정이다   게임 시간을 줄이라고 조언하다

(3) 옆집 고양이, 자주 울다, (   )   고양이가 울지 않게 해 달라고 말하다

(4) 자리에 앉은 친구, (   ), 신경이 쓰이다   (   )

2 자신이 불편하게 느끼는 상황에 대해서 이야기해 보세요.

공연장

> 저는 공연장에서 옆에 앉은 사람이 계속 SNS를 해 대서 짜증이 났어요.

수업 시간

> 저는 수업 시간에 _____아/어 댈 때 집중하기 힘들어요.

지하철

> 저는 지하철에서 _____아/어 대면 불편해요.

듣기 싫은 소리

> _____
> _____
> _____

대화

● 대화를 듣고 따라 읽어 보세요.

빈   마크 씨, 어제 파티마 씨랑 영화 잘 봤어요?

마크   에휴, 영화 내용은 좋았는데 배려가 없는 사람들 때문에 힘들었어요.

빈   왜요?

마크   뒷자리에 앉은 사람들이 영화가 시작되고 나서 30분이 넘도록 떠드는 데다가
        의자를 발로 차 대서 영화에 집중할 수 없었거든요.

빈   아이고, 정말 신경이 쓰였겠어요. 공공장소에서는 배려가 필요한데 아쉽네요.

마크   그래도 영화가 너무 웃겨서 나중에는 배꼽이 빠지도록 웃었어요.
        나중에 빈 씨도 그 영화를 꼭 한번 보세요.

빈   네, 저도 주말에 보러 가야겠어요.

어휘와 표현

1 다음 단어에 대해 알아보고 빈칸에 알맞은 말을 쓰세요.

층간 소음	갈등	원인	대응	항의
층간 소음에 시달리다	갈등을 겪다	원인으로 나타나다	대응 방법	항의하다

어떤 상태가 일어나게 하는 이유	마음에 들지 않는 것을 강하게 이야기함	어떤 일에 맞춰 행동을 함	아파트와 같은 공동 주택에서 들리는 생활 소음	서로 생각이 달라 다투거나 사이가 안 좋음

(1) (   ) (2) (   ) (3) (   ) (4) (   ) (5) (   )

2 다음 단어와 의미가 맞는 것을 연결하세요.

(1) 요청하다 •　　　　　　　　• ㉮ 어떤 일이 생기다

(2) 발생하다 •　　　　　　　　• ㉯ 어떤 것이 문제로 나타나다

(3) 일반화되다 •　　　　　　　• ㉰ 몸이나 마음이 괴로움을 겪다

(4) 고통을 당하다 •　　　　　　• ㉱ 많은 사람들에게 해당하는 일이 되다

(5) 문제로 떠오르다 •　　　　　• ㉲ 어떤 일이나 행동을 해 달라고 하다

오늘의 표현

N에 따르면
자신이 들은 말의 출처를 나타낼 때 사용한다.

- 뉴스**에 따르면** 층간 소음으로 갈등을 겪는 사람들이 많다고 한다.
- 조사 결과**에 따르면** 자전거로 출퇴근하는 사람이 늘고 있다고 한다.
- 정부 발표**에 따르면** 전기 요금은 물론 수도 요금도 인상된다고 합니다.

읽고 말하기 1

● 층간 소음으로 스트레스를 받아 본 적이 있나요?

층간 소음으로 스트레스를 받고 있습니까?

자주 그렇다: 2점 / 그렇다: 1점 / 아니다: 0점	
1. 불규칙적으로 들리는 소음에 반응할 때가 있다.	2 / 1 / 0
2. 규칙적으로 들리는 소음이 신경 쓰인다.	2 / 1 / 0
3. 작은 소리에도 민감하다.	2 / 1 / 0
4. 소음 때문에 밤늦도록 잠을 못 잔 적이 있다.	2 / 1 / 0
5. 소리가 나면 머리가 지끈거린다.	2 / 1 / 0
6. 소음 때문에 화가 난다.	2 / 1 / 0
7. 층간 소음에 대한 대응 방법을 찾아본 적이 있다.	2 / 1 / 0
8. 층간 소음 때문에 이웃과 다툰 적이 있다.	2 / 1 / 0

결과 확인	
1점~5점	층간 소음을 일상에서 발생하는 자연스러운 소리로 생각하고 있습니다.
6점~11점	층간 소음으로 스트레스를 받고 있을 가능성이 높습니다.
12점~16점	층간 소음 때문에 문제가 일어날 가능성이 큽니다.

1 윗글을 읽고 질문에 대답해 보세요.

(1) 규칙적인 소음과 불규칙적인 소음은 어떤 것이 있을까요?

(2) 여러분의 점수는 몇 점입니까?

○ 다음은 층간 소음에 대한 글입니다.

'집콕'의 계절, "시끄럽다고!" 층간 소음 갈등 증가

　과거 단독 주택 위주의 생활에서 벗어나 아파트나 빌라 등의 공동 주택 생활이 일반화되면서 층간 소음이 사회적 문제로 떠오르기 시작했다. 층간 소음이란 주택 및 아파트 등 공동 주택 공간에서 주로 발생하는 소음을 말한다. 아이들이 뛰는 소리, 쿵쿵대는 발걸음 소리, 화장실 물소리, 가구 끄는 소리, 반려동물이 내는 소리 등을 그 예로 들 수 있다.

　서울시가 조사한 결과에 따르면 층간 소음 갈등의 원인으로 아이나 어른들이 뛰거나 걸으면서 발생하는 소음이 전체의 63.3%를 차지했다고 한다. 그다음으로 가구를 끌거나 문을 닫을 때 나는 소음이 15.5%, 악기 소리나 목이 터지도록 노래를 부르는 소리 8.5%, 반려견이 짖는 소리 7.6%, 기타 소음의 순이었다. 주거 위치별 층간 소음 피해는 위층의 소음으로 아래층에서 고통을 당하는 경우가 69.5%로 가장 많았다. 아래층의 지나친 항의로 위층에 사는 사람이 스트레스를 받는 경우도 23.3%로 꾸준히 증가하고 있는 것으로 나타났다.

　그렇다면 층간 소음으로 겪게 되는 이웃과의 갈등은 어떻게 해결할 수 있을까? 서울시가 안내하는 층간 소음 주의사항은 다음과 같다. 위층에서는 가족들이 모여 생활하는 공간에 매트를 깔아 두고 방문 등을 쾅쾅 닫지 않도록 조심한다. 또한 집을 비워 둘 경우에 반려견이 계속 짖어 대는 경우가 많으니 다른 곳에 맡기는 것이 좋다. 아래층에서는 위층에서 소음이 날 때 직접 방문해서 항의하는 것을 피하고, 관리 사무실이나 상담 기관에 도움을 요청하는 것이 필요하다. 공동 주택 생활이 일반화된 만큼 역지사지의 마음으로 층간 소음 갈등 해결을 위해 서로 배려해야 할 것이다.

1 질문에 대답하세요.

(1) 층간 소음의 예는 어떤 것들이 있습니까?

(2) 위층에 사는 사람은 왜 스트레스를 받습니까?

(3) 서울시가 안내하는 위층 사람들의 층간 소음 주의사항은 무엇입니까?

① 가족들이 모여 생활하는 공간에 (　　　　　　　　　　　).

② (　　　　　　　　　　　　　　) 조심한다.

③ 반려견이 짖어 대는 경우가 많으니 (　　　　　　　　　　).

2 여러분의 생각을 이야기해 보세요.

(1) 가장 참기 힘든 층간 소음은 무엇이라고 생각합니까?

(2) 소음이 날 때 직접 찾아가서 이야기하는 것과 관리 사무실에 이야기하는 것 중에 어떤 것이 더 효과가 좋을 것 같습니까?

(3) 층간 소음이 났을 때 어떤 메모를 써서 붙이면 좋을까요? 메모를 간단히 써 보세요.

안녕하세요? 아랫집입니다. 요즘 _____
_____
_____

● 다음은 층간 소음 예방 포스터입니다. 그림을 보고 문장을 완성해 보세요.

걸을 때 쿵쿵대는 소리가 나지 않도록 집안에서 실내화를 신고 걸어 주세요!

악기 연주는 밤에 하지 말고 _____
_____
_____

가구 끄는 소리와 뛰는 소리가 나지 않게 _____
_____

이웃과 다툴 게 아니라
_____
_____

위주 | 벗어나다 | 쿵쿵대다 | 반려동물 | 반려견 | 주거 | -별 | 항의 | 매트 | 깔다 | 쾅쾅 | 기관 | 역지사지

4-3 한 단계 오르기

생각해 봅시다

● 다음 어휘와 문법 중 잘 이해하고 있는 것에 표시(✓)하세요.

☐ 위로	☐ 원인	☐ 비난
☐ 충격	☐ 갈등	☐ 대응
☐ 괴롭다	☐ 배려하다	☐ 일반화되다
☐ 마음을 털어놓다	☐ 문제로 떠오르다	☐ 고통을 당하다

☐ 입맛이 없어서 점심을 **먹는 둥 마는 둥** 했어요.

☐ 카렌 씨는 **얼마나 바쁜지** 항상 수업이 끝나자마자 나가요.

☐ 감기가 안 나으면 약만 **먹을 게 아니라** 병원에도 가 보세요.

☐ 일주일이 **넘도록** 친구에게 연락이 없다.

☐ 친구의 전화를 **목이 빠지도록** 기다리고 있어요.

☐ 어젯밤에 스트레스를 받아서 이것저것 **먹어 댔어요.**

☐ **설문 조사에 따르면** 자전거로 출퇴근하는 사람이 늘었다고 한다.

● 아래의 문장을 보고 보기 와 같이 이야기해 보세요.

1 다음 중 단어가 어색하게 쓰인 문장이 없는지 친구와 이야기해 보세요.

(1) 단독 주택 위주의 생활에서 공동 주택으로 주거 환경이 일반화했다.

(2) 다른 사람을 배려하면서 말하는 것이 무엇보다 중요하다.

(3) 아이들이 뛰는 소리가 층간 소음 갈등의 원인으로 나타나고 있다.

(4) SNS에서 악성 댓글을 다는 것이 사회 문제로 오르고 있다.

(5) 상처를 받았을 때 친구에게 마음을 털어놓지 말고 숨기고 이야기하는 게 좋다.

2 다음 중 문법이나 표현이 어색하게 쓰인 문장이 없는지 친구와 이야기해 보세요.

(1) 어젯밤에 너무 더워서 잠을 잔 둥 마는 둥 했다.

(2) 카렌 씨가 숙제를 자주 가르쳐 대서 너무 고마워요.

(3) 친구와 전화로 2시간이 넘도록 이야기했다.

(4) 어제 콘서트에 가서 소리를 지르도록 목이 터졌어요.

(5) 친구가 어찌나 화가 많이 났는지 제 말도 안 듣고 가 버렸어요.

(6) 뉴스에 따르면 층간 소음 문제가 점점 심해지고 있다고 합니다.

(7) 문제가 있을 때 혼자 고민할 게 아니라 친구에게 이야기했어요.

◉ 다음 인터넷 악플에 대한 설문 조사를 보고 빈과 엠마의 대화를 완성해 보세요.

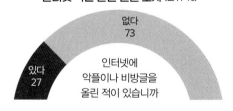

인터넷 악플 관련 설문 조사 (단위: %)

없다 73

있다 27

인터넷에 악플이나 비방글을 올린 적이 있습니까

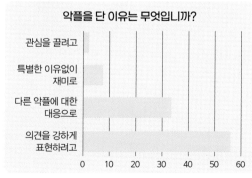

악플을 단 이유는 무엇입니까?

| 관심을 끌려고 |
| 특별한 이유없이 재미로 |
| 다른 악플에 대한 대응으로 |
| 의견을 강하게 표현하려고 |

0 10 20 30 40 50 60

엠마 생각보다 악플을 달아 본 사람들이 많네요.

빈 그러니까요. 저는 악플을 단 이유 중에서 '_____' 라는 대답이 충격적이에요.

엠마 맞아요. 여기에는 없지만 제가 듣기로는 _____ 악플을 다는 사람도 있대요.

어휘 늘리기

● 다음은 성격과 관련된 표현입니다. 다음 단어에 대해 알아보고 친구와 함께 질문에 대답해 보세요.

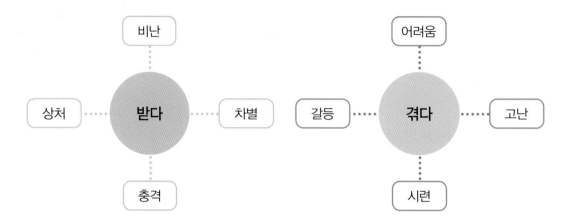

• 다른 나라에 가서 문화 차이로 충격을 받은 적이 있습니까?

• 다른 사람의 말이나 글 때문에 상처를 받은 적이 있습니까?

• 이웃이나 친구와 갈등을 겪은 적이 있습니까?

• 유학 생활을 하면서 겪은 어려움은 어떤 것이 있습니까?

1 다음 사자성어에 대해 알아보세요.

> 일석이조
> 역지사지
> 비일비재
> 우유부단
> 인지상정
> 과유불급

(1) (   ) : 결정을 잘 하지 못함.

(2) (   ) : 동시에 두 가지 이득을 봄.

(3) (   ) : 서로 입장을 바꿔서 생각함.

(4) (   ) : 무엇이든지 지나치면 안 좋음.

(5) (   ) : 어떤 일이 한두 번 일어난 것이 아님.

(6) (   ) : 사람이면 누구나 가지는 보통의 마음

2 빈칸에 알맞은 말을 써 보세요.

(1) 그 사람은 (   )해서 신발 하나를 살 때도 쉽게 결정하지 못한다.

(2) 아파트에서 층간 소음으로 서로 다투는 경우가 (   )하게 일어나고 있다.

(3) 다른 사람과 갈등을 겪을 때 서로 입장을 바꿔 (   )하는 태도가 중요하다.

(4) 나쁜 말을 듣거나 악성 댓글을 읽으면 기분이 나빠지는 것은 (   )(이)라고 할 수 있다.

(5) 한국 식당에서 아르바이트를 하니까 돈을 버는 데다가 한국 사람과 대화할 기회도 생겨서
(   )이에요/예요.

(6) SNS를 통해서 친구들과 소통하는 건 좋지만 (   )(이)라고 지나치게 SNS에 빠져서
생활하는 것은 좋지 않다.

> • 한 가지 일을 했는데 여러 가지로 좋은 결과를 얻을 수 있는 일은 어떤 것이 있습니까?
> • 지나치게 하면 안 하는 것보다 못하다고 생각하는 일은 무엇입니까?

실전 말하기

● 다음은 첸과 카린의 대화입니다.

Track 20

'공공장소의 노키즈존(No Kids Zone) 도입'에 대한 여러분의 의견을 자유롭게 들어보도록 하겠습니다. 먼저 카린 씨부터 말씀해 주시죠.

저는 공공장소에 노키즈존을 도입해야 한다고 생각합니다. 왜냐하면 식당이나 카페 등의 공공장소에서 목이 터지도록 소리를 지르거나 영화관 뒷자리에서 발로 앞자리를 차는 아이들 때문에 피해를 당하는 사람들이 있기 때문입니다. 노키즈존이 아이들과 아이들이 있는 가족에 대한 차별이 될 수 있다는 사람들도 있습니다. 하지만 아이가 없는 사람들도 여가 생활을 할 때 방해받지 않을 권리가 있다는 점에서 노키즈존을 도입할 필요가 있다고 생각합니다.

● 다음 주제에 대해 어떤 의견이 있습니까?

주제	의견		근거
인터넷 댓글을 다는 것	실명으로 달아야 함.	☐	• 생각 없이 악성 댓글을 다는 것을 방지할 수 있다. • 인터넷 범죄를 예방할 수 있다.
	익명으로 달아야 함.	☐	• 표현의 자유를 침해한다. • 주민 등록 번호가 없는 외국인들이 댓글을 달기 힘들다.

● 다음 표현을 사용해서 자신의 의견을 말해 보세요.

자신의 의견 밝히기	저는 _____ –아/어야 한다고 생각합니다.
이유	왜냐하면 _____ –기 때문입니다.
반대 의견	_____ –(ㄴ/는)다는 사람들도 있습니다.
다시 한번 의견을 강조함.	하지만 _____ –(ㄴ/는)다는 점에서 _____ –(으)ㄹ 필요가 있다고 생각합니다.

권리 | 도입하다 | 방해받다 | 범죄 | 방지하다 | 침해하다 | 실명 | 익명

실전 쓰기

◉ 문제에 대한 자신의 입장을 정하고 근거를 들어 주장하는 글 쓰기

보기

　　최근 인터넷에서 생각 없이 악성 댓글을 다는 사람들 때문에 사회적으로 문제가 되고 있다. 인터넷 악성 댓글은 상처가 되는 말들이 글로 남아서 많은 사람들이 볼 수 있고 비난의 대상이 되는 사람도 보게 된다는 점에서 문제가 되고 있다. 조사 결과에 따르면 이런 악성 댓글 때문에 심한 상처를 받은 사람은 우울증을 겪게 되거나 자살을 하게 되는 경우도 있다고 한다. 그러므로 다른 사람에게 큰 상처를 주지 않도록 우리는 인터넷에 댓글을 남길 때 한 번 더 생각하고 써야 한다.

◉ 문장 구성

내용	표현
현황	최근 _____ –고 있다.
문제 설명	은/는 _____ –(ㄴ/는)다는 점에서 문제가 되고 있다.
근거	에 따르면 _____ –거나/–고 _____ –는 경우도 있다고 한다.
주장하기	그러므로 _____ –도록/–지 않도록 _____ –아/어야 한다.

1 다음은 '수업 시간에 스마트폰 사용을 금지하는 것'에 대한 내용입니다. 질문에 대한 답을 문장으로 써 보세요.

현황	수업 시간에 스마트폰을 사용하는 학생이 증가함.
문제	수업 분위기에 부정적인 영향을 줌.
근거	(연구 결과) • 학교에서 스마트폰만 보고 있는 학생들이 늘어나 소통의 기회가 적어짐. • 자유로운 스마트폰 사용은 다른 학생에게 방해가 됨.
주장	수업 시간에 스마트폰 사용을 금지해야 함.

(1) 최근 수업 시간에 어떤 일이 일어나고 있습니까?   현황

_____

_____

_____

(2) 수업 시간에 스마트폰을 사용할 때의 문제는 무엇입니까?   문제 설명

_____

_____

_____

(3) 주장의 근거는 무엇입니까?   근거 제시

_____

_____

_____

(4) 주장은 무엇입니까?   주장하기

_____

_____

_____

ECO FRIENDLY

music

CHAPTER

05

5-1 지구 온난화가 심해진
탓에 기후 변화가
나타나고 있어요

문법 1   A-(으)ㄴ 탓에
V-는 탓에

문법 2   N조차

어휘와 표현   기후 위기
N(으)로 인해

듣고 말하기   지구 온난화
『6도의 멸종』

5-2 일회용품을 계속 사용
하다가는 환경 오염이
심해질 게 뻔해요

문법 1   V-다가는

문법 2   A/V-(으)ㄹ 게 뻔하다

어휘와 표현   환경 보호
A/V-(으)므로

읽고 말하기   쓰레기, 버리기 전에
줄이기부터

5-3   한 단계 오르기

생각해 봅시다   5단원 자기 점검

어휘 늘리기   자연재해
관용어 2

실전 말하기   원인과 이유 설명하기

실전 쓰기   현황과 원인

5 -1 지구 온난화가 심해진 탓에 기후 변화가 나타나고 있어요

• 고향의 날씨는 10년 전과 비교했을 때 어떻습니까?

• 무엇 때문에 날씨가 변했다고 생각합니까?

문법 1

A-(으)ㄴ 탓에 V-는 탓에

첸 씨, 옷이 다 젖었네요.
밖에 비가 와요?

네, 바람이 심하게 부는 탓에
우산을 써도 옷이 다 젖었어요.

앞의 내용이 원인이나 이유가 되어 부정적인 결과가 생겼을 때 사용한다. 동사의 경우 과거형 'V-(으)ㄴ 탓에'로 사용하는 경우가 많다. 문제를 일으킨 대상을 직접적으로 지적할 때는 'N 탓에'를 쓴다.

바람이 심하게 **부는 탓에**   우산을 써도 옷이 다 젖었어요.

↓   ↓

원인 / 이유   부정적인 결과

- 수면 시간이 **부족한 탓에** 일할 때 집중하기 어려워요.
- 밖에서 시끄럽게 공사를 **하는 탓에** 교수님의 설명을 들을 수 없었어요.
- 유명 아이돌의 팬 사인회에 사람이 너무 많이 **몰린 탓에** 행사가 취소됐습니다.
- 저는 성격이 **내성적인 탓에** 먼저 다른 사람에게 말을 거는 경우가 거의 없습니다.

N 탓에

- 지난번에 당한 **부상 탓에** 이번 경기에 못 나갔다.
- **미세 먼지 탓에** 외출할 때마다 마스크를 써야 해요.

연습

● 문장을 만들어 보세요.

(1) 실내가 건조하다 / 목이 아프다

→ _____

(2) 창문을 열어 놓다 / 모기가 들어오다

→ _____

(3) 더운 날씨 / 밤에 잠을 못 자는 사람이 많다

→ _____

활동

1 보기 와 같이 이야기해 보세요.

보기 일회용품을 지나치게 사용하다, 자원이 낭비되다   일회용품 사용을 줄이다

> 일회용품을 지나치게 사용하는 탓에 자원이 낭비되고 있어요.

> 앞으로 일회용품 사용을 줄이는 게 좋겠어요.

(1) 사람들이 물을 함부로 쓰다, 물이 부족해지다   물을 아껴 쓰다

(2) 날씨가 너무 덥다, 밤에 잠을 못 자다   자기 전에 잠깐 에어컨을 틀어 놓다

(3) 요즘 늦게 일어나다, 아침을 못 먹다   (   )

(4) (   ), 비를 맞았다   일기 예보를 잘 확인하다

2 다음 일기를 읽고 첸이 되어 엠마의 질문에 대답해 보세요.

> 오늘은 엠마 씨와 영화를 보기로 한 날이었다. 평소처럼 집에서 나왔는데 갑자기 **눈이 와서** 길이 막히는 바람에 약속 시간에 30분 늦게 도착했다. 버스에서 엠마 씨에게 전화를 하고 싶었지만 어젯밤에 휴대폰을 충전해 놓는 것을 **잊어버려서** 버스에서 휴대폰 전원이 꺼져 버렸다. 나는 내가 **늦게 와서** 영화를 못 보게 되었으니까 다음 영화 시간을 기다리는 동안 맛있는 저녁을 사겠다고 했다. 저녁을 먹으면서 엠마 씨의 화가 풀려서 다행이었다.

왜 이렇게 늦었어요? 30분이나 늦게 와서 벌써 영화가 시작했잖아요.

미안해요. 갑자기 눈이 온 탓에 길이 많이 막혔어요.

그럼 늦을 것 같다고 전화라도 해야 하잖아요.

_____

다음 영화를 보려면 2시간이나 기다려야 하는데 이제 어떻게 해요?

_____

문법 2

N조차

> 요즘 미세 먼지 때문에 산책하기 힘든 날이 많은데 미래에는 공기가 더 안 좋아질까요?

> 미래에는 공기가 안 좋아서 마스크 없이는 외출조차 할 수 없을지도 몰라요.

💡 이미 알고 있는 어떤 것은 물론이고 아주 기본적이고 간단한 것까지 모두 포함해서 말할 때 사용한다. 부정적인 상황이나 부정문에서 주로 사용한다.

미래에는 공기가 안 좋아서 마스크 없이는	**외출조차**	할 수 없을지도 몰라요.
	↓	↓
	아주 기본적이고 간단한 것	부정문

- 친구들은 물론이고 **가족들조차** 내 말을 믿어 주지 않아요.
- 내일까지 끝내야 하는 일이 있는데 아직 **시작조차** 못 했어요.
- 우리 아이는 얼마나 씻기를 싫어하는지 **세수조차** 안 하려고 해요.
- 눈길에 다리를 다쳐서 **걸을 수조차** 없는 상황이에요.
- 재활용 쓰레기를 버리는 날짜는 물론이고 어디에 **버려야 하는지조차** 모르는 사람들이 있어요.

연습

● 문장을 만들어 보세요.

(1) 스마트폰이 고장 나다 / 화면도 안 나오는 상태이다

→ _____

(2) 점심시간에는 가게에 손님이 너무 많다 / 화장실 갈 시간도 없다

→ _____

(3) 첸 씨와 같은 반이지만 기회가 없다 / 아직 인사도 못 해 보다

→ _____

1 보기 와 같이 이야기해 보세요.

보기

된장찌개 끓이다

된장찌개 끓일 수 있어요?

요리를 잘 못하다, 라면도 끓일 줄 모르다

전 요리를 잘 못해서 된장찌개는 물론이고 라면조차 끓일 줄 몰라요.

(1) 운전을 하다   배운 적이 없다, 자전거도 탈 줄 모르다

(2) 산낙지를 먹다   해산물을 싫어하다, 새우도 못 먹다

(3) 외국인 등록 번호 외우다   한국에 온 지 얼마 안 되다, (   )

(4) (   )   목이 너무 아프다, 물도 못 마시다

2 한국에 처음 왔을 때, 한국어를 잘 몰라서 할 수 없었던 아주 쉬운 일들이 있었습니까?

보기

레나 씨는 한국에 처음 왔을 때 어땠나요?

안녕 하세요   Hi

한국에 처음 왔을 때는 한국어로 인사조차 할 수 없었어요.

?

대화

● 대화를 듣고 따라 읽어 보세요.

Track 21

파티마   어제 본 인턴 면접은 어땠어요?

파비우   <mark>긴장한 탓에</mark> 면접관 앞에서 <mark>이름조차</mark> 제대로 말 못하고 횡설수설했어요.

파티마   질문이 어려웠나요?

파비우   네, 지구 온난화에 대한 질문을 받았는데 제가 환경 문제에 별로 관심이
         <mark>없는 탓에</mark> 대답을 거의 못했어요.

파티마   그랬군요. 지구 온난화가 전 세계적인 문제라서 회사에서 그런 질문을 했나
         봐요.

파비우   시험이 끝나고 나오면서 생각해 보니 제가 환경 문제에 너무 관심이 없었던
         것 같아서 좀 부끄럽더라고요. 이제부터라도 관심을 좀 가져야겠어요.

인턴 | 면접관 | 지구 온난화 | 세계적

어휘와 표현

1 다음 사진과 의미가 맞는 표현을 연결하세요.

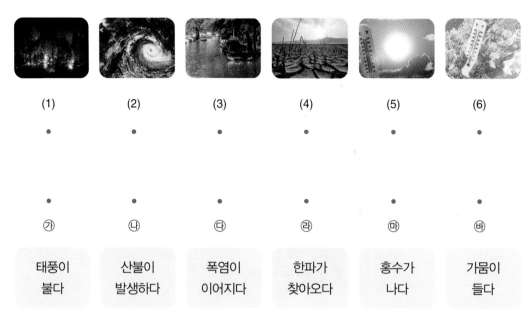

(1)   (2)   (3)   (4)   (5)   (6)

•   •   •   •   •   •

•   •   •   •   •   •
㉮   ㉯   ㉰   ㉱   ㉲   ㉳

| 태풍이 불다 | 산불이 발생하다 | 폭염이 이어지다 | 한파가 찾아오다 | 홍수가 나다 | 가뭄이 들다 |

2 다음 단어와 의미가 맞는 것을 연결하세요.

(1) 재난   •   • ㉮ 생물의 한 종류가 없어짐.

(2) 멸종   •   • ㉯ 정상적이지 않은 날씨가 계속됨.

(3) 생태계   •   • ㉰ 여러 생물이 어우러져 살아가는 세계

(4) 온실가스   •   • ㉱ 갑작스럽게 일어나는 큰 사고

(5) 이상 기후   •   • ㉲ 지구의 기온을 높이는 이산화탄소(CO_2) 등의 가스

듣고 말하기 1

● 무엇에 대한 이야기일까요?

긴급 속보! 태풍 상륙, 오늘 밤 수도권 강타!

1 다음을 잘 듣고 대답해 보세요.

Track 22

(1) 여자는 어제 저녁에 어떻게 집으로 돌아갔습니까?

(2) 여자는 집으로 돌아가는 길에 어떤 일을 경험했습니까?

(3) 남자는 무엇을 걱정하고 있습니까?

대피하다 | 난리

듣고 말하기 2

1 다음은 환경에 대한 책을 소개하는 진우의 발표입니다. 잘 듣고 질문에 답하세요.

Track 23

(1) 『6도의 멸종』은 어떤 내용을 설명하는 책입니까?

(2) 책에서는 지구의 평균 기온이 1°C씩 오를 때마다 어떤 일이 발생한다고 설명했습니까?

1°C 상승	다양한 이상 기후 현상이 나타남.	2°C 상승	가뭄과 홍수 피해 지역이 늘어나 ( ).
3°C 상승	해수면이 지금보다 5m 이상 상승해서 ( ).	4°C 상승	많은 동물들의 멸종이 시작됨.
5°C 상승	북극과 남극의 얼음이 모두 녹음.	6°C 상승	( ) 인류가 멸종하게 됨.

(3) 진우가 말하고 싶은 것이 무엇인지 빈칸에 알맞은 말을 쓰세요.

> 지구 온난화 문제를 해결하지 못한다면 _____은/는 갈수록 심각해지고, 이로 인해 사람들이 입는 _____은/는 더 커질 수밖에 없습니다. 그러므로 아직 _____-(으)ㄹ 수 있을 때 우리는 환경을 위한 노력을 시작해야 합니다.

2 여러분의 생각을 이야기해 보세요.

(1) 진우의 책 소개를 듣고 새롭게 알게 된 내용이 있습니까?

(2) 책의 내용 중 가장 인상 깊었던 내용은 무엇입니까?

(3) 지구 온난화 문제를 해결하기 위해 개인이 할 수 있는 일에는 무엇이 있을까요?

○ 다음은 카린의 하루입니다. 카린이 한 행동 중에서 환경에 좋은 영향을 미치는 것과 나쁜 영향을 미치는 것을 구분해서 이야기해 보세요.

카린이 _____ -는 것은 환경을 위해서 좋은 일이라고 생각합니다.
그렇게 하면 _____ -(으)ㄹ 수 있기 때문입니다. 하지만 카린이
_____ -는 것은 환경에 좋지 않습니다. 그렇게 하면 _____
_____ -는 탓에 _____ -(으)ㄹ 것입니다.

근거 | 상승하다 | 북극 | 남극 | 빙하 | 농사를 짓다 | 해수면 | 해안가 | 잠기다 | 경고하다

5-2 일회용품을 계속 사용 하다가는 환경 오염이 심해질 게 뻔해요

- 여러분은 주로 언제 일회용품을 사용합니까?
- 일회용품 사용이 계속 늘면 어떤 일이 생길 것 같습니까?

문법 1

V-다가는

비가 너무 많이 내리네요.

이렇게 계속 비가 내리다가는 도로가 물에 잠길지도 모르겠어요.

> 현재의 일이나 상황이 계속되면 부정적인 결과가 생길 수 있음을 말할 때 사용한다. 걱정스럽게 지켜보던 상황이 오랜 시간 지속된 상태일 때 사용하므로 '이렇게, 저렇게, 그렇게', '계속' 등의 표현과 함께 자주 사용한다.

이렇게 계속 비가 **내리다가는**   도로가 물에 잠길지도 모르겠어요.

↓   ↓

반복·지속적인 행동   부정적인 결과

- 날씨가 덥다고 찬 음식을 계속 **먹다가는** 배탈이 날 거야.
- 수업을 제대로 **듣지 않다가는** 시험을 망치게 될걸.
- 그렇게 옷을 얇게 입고 **다니다가는** 감기에 걸릴지도 몰라요.
- 이렇게 계속 에어컨을 **틀어 놓다가는** 전기 요금 폭탄을 맞을 거예요.

연습

● 문장을 만들어 보세요.

(1) 그렇게 생각 없이 놀다 / 나중에 후회하다

→ _____

(2) 매일 늦게 자다 / 피부가 나빠지다

→ _____

(3) 계속 고민만 하다 / 좋은 기회를 다 놓치다

→ _____

활동

1 보기 와 같이 이야기해 보세요.

보기
일회용 컵을 많이 쓰다, 쓰레기가 너무 많아지다   텀블러를 사용하다

그렇게 일회용 컵을 많이 쓰다가는 쓰레기가 너무 많아질 거예요.

네, 앞으로는 텀블러를 사용해야겠어요.

(1) 휴대폰만 보다, 눈이 나빠지다   휴대폰을 조금만 보다

(2) 안 좋은 자세로 앉아 있다, 허리가 안 좋아지다   바르게 앉도록 노력하다

(3) 약속을 안 지키다, 친구들과 사이가 멀어지다   (   )

(4) 여름에 선크림을 바르지 않고 다니다, (   )   햇볕이 강한 날에는 선크림을 바르다

2 친구의 행동을 보고 걱정되는 상황에 대해서 이야기해 보세요.

보기
계획 없이 돈을 쓰다   진짜 필요할 때 돈이 없어서 고생하게 되다

그렇게 계획 없이 **돈을 쓰다가는** 진짜 필요할 때 돈이 없어서 고생하게 될 거예요.

?   건강이 나빠지다

?   친구들과 사이가 멀어지다

?   유학 생활을 망치다

?   ?

문법 2

A/V-(으)ㄹ 게 뻔하다

이번에 카린 씨랑 같이 발표 준비를 하는 게 어때요?

카린 씨는 춤 연습을 하러 다니느라 바빠서 같이 못 할 게 뻔해요.

> ❗ 이전의 상황이나 그동안의 경험을 통해 생각해 봤을 때 직접 확인하지 않아도 그러한 결과가 나타날 것임을 확신하면서 추측할 때 사용한다.

카린 씨는 춤 연습을 하러 다니느라 바빠서

↓

이전 경험을 통해 알고 있는 것

같이 **못** 할 게 뻔해요.

↓

분명하게 예상되는 결과

- 지난 시험도 어려웠으니까 다음 시험도 **어려울 게 뻔해**.
- 사람들이 지금처럼 물을 펑펑 쓰다가는 언젠가 물이 **부족해질 게 뻔해요**.
- 남자 친구가 담배를 끊겠다고 했지만 이번에도 **못 지킬 게 뻔해**.
- 서준 씨는 요즘 매일 PC방에 가니까 어제도 PC방에 **갔을 게 뻔하다**.
- 두 사람이 안 사귄다고 했지만 **거짓말일 게 뻔해요**.

연습

◉ 문장을 만들어 보세요.

(1) 그 식당은 인기가 많다 / 예약을 안 하면 못 들어가다

→ _____

(2) 친구도 안 만나고 집에만 있다 / 부모님이 걱정하시다

→ _____

(3) 민아 씨는 집에서 요리를 안 하다 / 어제도 배달 음식을 먹다

→ _____

활동

1 보기 와 같이 이야기해 보세요.

보기   오늘 백화점에 사람이 많다   크리스마스이다, 사람이 많다

오늘 백화점에 사람이
많을까요?

크리스마스라서 사람이
많을 게 뻔해요.

(1) 빈 씨가 집에 있다   오늘 생일이다, 집에 없다

(2) 시험 결과를 확인해 보다   공부를 안 하다, 떨어졌다

(3) 레나에게 고민을 말해도 되다   레나는 입이 가볍다, (   )

(4) 파비우에게 주말에 만나자고 하다   (   ), 싫다고 하다

2 친구의 고민을 듣고 분명하게 예상할 수 있는 상황에 대해 친구에게 이야기해 보세요.

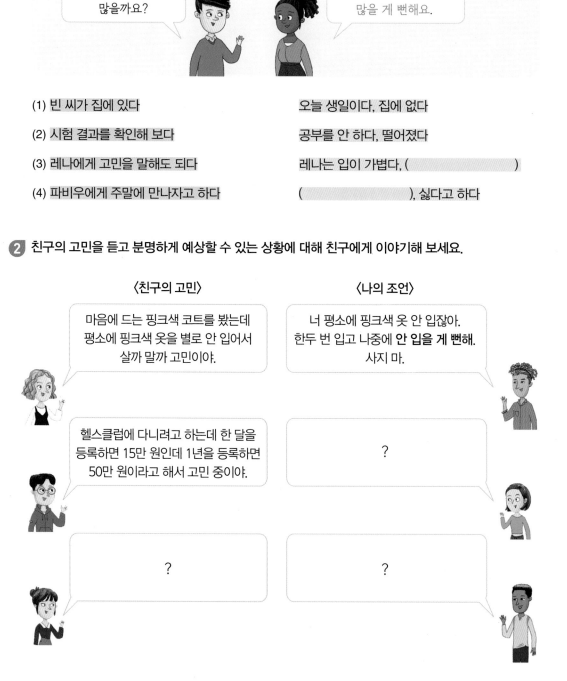

〈친구의 고민〉   〈나의 조언〉

마음에 드는 핑크색 코트를 봤는데
평소에 핑크색 옷을 별로 안 입어서
살까 말까 고민이야.

너 평소에 핑크색 옷 안 입잖아.
한두 번 입고 나중에 **안 입을 게 뻔해.**
사지 마.

헬스클럽에 다니려고 하는데 한 달을
등록하면 15만 원인데 1년을 등록하면
50만 원이라고 해서 고민 중이야.

?

?   ?

대화

● 대화를 듣고 따라 읽어 보세요.

첸   엠마 씨, 여기가 만두랑 냉면이 맛있다고 SNS에 자주 소개되는 맛집이에요.

엠마   그래요? 역시 맛집답게 사람들이 많네요. 음식 맛도 정말 기대되는데요.
그런데 지금 보니 가게 안에 있는 컵, 젓가락, 숟가락까지 다 일회용품이네요.

첸   손님이 이렇게 많으니까 설거지할 시간이 부족해서 그런가 봐요.

엠마   손이 부족하면 직원을 더 뽑으면 될 텐데, 직원을 뽑으면 돈이 많이 들 게
뻔하니까 대신에 일회용품을 사용하는 거겠죠. 저는 아무리 음식이 맛있어도
이런 식당은 별로 오고 싶지 않네요.

첸   젓가락이나 컵을 일회용품으로 주는 식당이 얼마나 많은데 왜 그렇게 민감하게
반응해요?

엠마   이렇게 생각 없이 일회용품을 사용하다가는 언젠가 이 지구가 쓰레기로
뒤덮일지도 모른다고요!

손이 부족하다 | 뒤덮이다

어휘와 표현

1 다음 단어에 대해 알아보고 빈칸에 알맞은 말을 쓰세요.

수질 오염	대기 오염	일회용품	재활용	친환경

(1) (　　　　　)　(2) (　　　　　)　(3) (　　　　　)　(4) (　　　　　)　(5) (　　　　　)

2 다음 단어와 의미가 맞는 것을 연결하세요.

묻다	줄이다	분리하다
땅에 쓰레기를 묻다	일회용품 사용을 줄이다	종이와 플라스틱을 분리하다

배출하다	수거하다
쓰레기를 배출하다	재활용품을 수거하다

(1) 묻다　　　•　　　　　　　• ㉮ 모아서 가져가다

(2) 줄이다　　•　　　　　　　• ㉯ (수, 양 등을) 적게 하다

(3) 분리하다　•　　　　　　　• ㉰ 안에 있던 것을 밖으로 나가게 하다

(4) 배출하다　•　　　　　　　• ㉱ 여러 가지가 함께 있는 것을 나누다

(5) 수거하다　•　　　　　　　• ㉲ 무엇을 흙 등의 속에 넣어 안 보이게 하다

오늘의 표현

A/V-(으)므로
앞의 내용이 뒤에서 말하는 내용의 이유나 근거가 됨을 말할 때 사용한다.

- 닭 뼈는 음식물 쓰레기가 **아니므로** 일반 쓰레기로 버려야 합니다.
- 미세 먼지로 인한 대기 오염이 **심하므로** 외부 활동을 할 때 마스크를 착용하시기 바랍니다.
- 우리 아파트의 재활용 쓰레기 수거일은 매주 화요일**이므로** 화요일에만 재활용 쓰레기를 배출해 주시기 바랍니다.

읽고 말하기 1

● 쓰레기를 어떻게 분리해서 버려야 하는지 잘 알고 있나요?

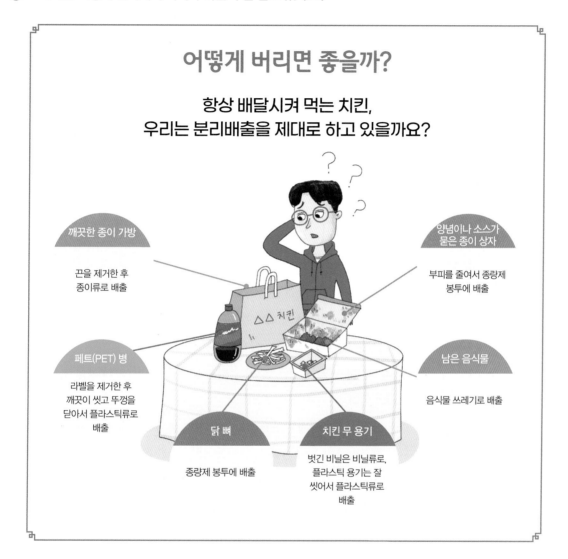

어떻게 버리면 좋을까?

항상 배달시켜 먹는 치킨, 우리는 분리배출을 제대로 하고 있을까요?

깨끗한 종이 가방
끈을 제거한 후 종이류로 배출

양념이나 소스가 묻은 종이 상자
부피를 줄여서 종량제 봉투에 배출

페트(PET) 병
라벨을 제거한 후 깨끗이 씻고 뚜껑을 닫아서 플라스틱류로 배출

남은 음식물
음식물 쓰레기로 배출

닭 뼈
종량제 봉투에 배출

치킨 무 용기
벗긴 비닐은 비닐류로, 플라스틱 용기는 잘 씻어서 플라스틱류로 배출

1 윗 글을 읽고 질문에 대답해 보세요.

(1) 위의 안내문은 무엇에 대해서 설명하고 있습니까?

(2) 페트병은 어떻게 버려야 합니까?

(3) 여러분은 어떻게 버려야 할지 몰라서 고민해 본 쓰레기가 있습니까?

종량제 봉투 | (양념이) 묻다 | 용기 | 부피 | 라벨 | 비닐 | 끈 | 제거하다

● 다음은 쓰레기 문제에 관한 기사입니다.

쓰레기, 버리기 전에 줄이기부터

음식 배달과 택배 주문이 증가하면서 가정에서 배출하는 쓰레기 양이 크게 늘어 정부가 골머리를 앓고 있다. 한 환경 단체의 조사 결과에 따르면 4인 가정에서 1주일 동안 버리는 일회용품 쓰레기의 개수가 거의 100개 가까이 된다고 한다. 이렇게 쓰레기의 양이 계속 늘어나다가는 가까운 미래에 이 지구에서 쓰레기를 버릴 곳을 찾을 수 없게 될지도 모른다.

1인당 플라스틱 쓰레기 발생량

미국	105kg
영국	98kg
한국	88kg
독일	81kg
태국	69kg
말레이시아	67kg

그렇다면 어떻게 해야 이런 쓰레기 문제를 해결할 수 있을까? 답은 의외로 간단하다. 쓰레기 문제의 해결은 우리의 생활 습관을 바꾸는 것에서 시작된다. 카페에 갈 때 텀블러를 챙겨 가고 편의점에서 비닐 봉투를 달라고 하는 대신 집에서 가져온 장바구니에 물건을 담는 것은 분명 귀찮은 일이다. 하지만 이런 노력은 일회용품 쓰레기를 줄이는 데 확실한 효과가 있다.

또한 쓰레기와 재활용품을 분리하여 배출하는 것도 매우 중요하다. 캔, 병, 플라스틱, 종이 상자 등은 일반 쓰레기와 다르게 다시 활용할 수 있으므로 분리해서 버리면 쓰레기를 줄이고 자원을 절약하는 데 도움이 된다. 하지만 재활용 쓰레기를 버릴 때도 정확한 방법을 알고 버려야 한다. 예를 들어 양념이나 기름이 묻은 플라스틱 용기는 재활용되지 않는다. 그러므로 이것을 재활용하려면 플라스틱 용기를 깨끗이 씻어서 배출해야 하고 그렇지 않으면 일반 쓰레기로 버려야 한다. 그리고 라벨이나 스티커가 붙어 있는 용기는 재활용이 어렵기 때문에 꼭 제거해서 버려야 한다.

제품의 불필요한 포장을 줄여야 한다는 소비자들의 목소리가 높아지면서 이제는 기업들도 쓰레기 줄이기에 동참하고 있다. 소비자들의 관심을 끌기 위해 화려한 포장에만 신경을 쓰던 기업들이 소비자들이 쉽게 분리배출할 수 있도록 제품의 포장 방법을 바꾸고 있는 것이다. 이러한 개인과 기업, 그리고 사회의 노력이 계속될 때 우리는 쓰레기 문제에 관한 해법을 조금씩 찾아 나갈 수 있을 것이다.

1 질문에 답하세요.

(1) 이 기사에서 걱정하고 있는 것은 무엇입니까?

(2) 기자가 제안한 쓰레기를 줄이기 위한 구체적인 방법을 메모해 보세요.

일회용품 쓰레기를 줄이는 방법	재활용품 쓰레기를 버리는 방법
• 카페에 갈 때 텀블러를 챙겨서 간다. •	• • 용기를 버릴 때 라벨이나 스티커를 제거해서 버린다.

(3) 기업이 쓰레기를 줄이기 위해 노력하는 것은 무엇입니까?

2 여러분의 생각을 이야기해 보세요.

(1) 하루에 버리는 플라스틱 쓰레기가 몇 개 정도 됩니까? 일주일이면 얼마나 될까요?

(2) 재활용품을 분리배출할 때 주의해야 하는 것에는 무엇이 있는지 이야기해 보세요.

(3) 세계 여러 나라의 친환경 정책에는 어떤 것들이 있는지 찾아서 이야기해 보세요.

◉ 다음은 이 기사를 읽은 사람들의 댓글입니다. 여러분도 댓글을 달아 보세요.

> 지구지킴이: 오늘부터 나도 텀블러 들고 다녀야겠다.
>
> 슈레기: 나에게 앞으로 쓰레기란 없다. '제로 웨이스트'의 삶을 살겠어!
>
> 귀차니스트: 그동안 양념이나 소스가 묻어 있는 플라스틱 용기를 그냥 재활용 쓰레기로 버렸는데 앞으로는 깨끗이 씻어서 버려야겠네.
>
> : _____

골머리를 앓다 ┃ 의외로 ┃ 텀블러 ┃ 자원 ┃ 불필요하다 ┃ 화려하다 ┃ 해법

5-3 한 단계 오르기

생각해 봅시다

◉ 다음 어휘와 문법 중 잘 이해하고 있는 것에 표시(✓)하세요.

☐ 멸종   ☐ 친환경   ☐ 재활용

☐ 대기 오염   ☐ 지구 온난화   ☐ 이상 기후

☐ 묻다   ☐ 배출하다   ☐ 수거하다

☐ 줄이다   ☐ 가뭄이 들다   ☐ 폭염이 이어지다

☐ 일회용품을 지나치게 **사용하는 탓에** 환경이 오염되고 있다.

☐ 가뭄이 들면서 마실 **물조차** 구할 수가 없게 되었다.

☐ **폭염으로 인해** 아이스크림의 판매가 증가했다.

☐ 그렇게 찬 음식만 **먹다가는** 배탈이 날 거야.

☐ 주말이라서 백화점에 사람이 **많을 게 뻔해요.**

☐ 수영장 바닥이 **미끄러우므로** 뛰지 마시기 바랍니다.

◉ 아래의 문장을 보고 보기 와 같이 이야기해 보세요.

지구 온난화로 인해 꿀벌의 수가 줄이고 있다.

보기

이 문장에서 '줄이고 있다'라는 말은 맞게 쓰인 표현일까요?

이 문장은 좀 어색한 것 같아요. '줄이다'는 '일회용품 사용을 줄이다'처럼 일부러 양을 적게 만든다는 뜻이잖아요. 이 경우는 지구 온난화 문제로 어쩔 수 없이 꿀벌이 없어지는 것이기 때문에 '꿀벌의 수가 줄고 있다.'나 '줄어들고 있다.'라고 써야 할 것 같아요.

1 다음 중 단어가 어색하게 쓰인 문장이 없는지 친구와 이야기해 보세요.

(1) 이렇게 비가 계속 안 오다가는 홍수가 날지도 몰라요.

(2) 양념이나 소스가 묻은 플라스틱 용기는 재활용할 수 없습니다.

(3) 우리가 일회용품을 덜 사용하면 쓰레기를 멸종시킬 수 있습니다.

(4) 환경을 생각하는 마음으로 친환경 제품을 찾는 사람들이 늘고 있다.

(5) 재활용 쓰레기는 주말에만 모집하므로 정해진 날짜에 버려 주십시오.

2 다음 중 문법이나 표현이 어색하게 쓰인 문장이 없는지 친구와 이야기해 보세요.

(1) 하루 종일 너무 바빠서 점심조차 못 먹었어요.

(2) 친구가 도와준 탓에 이사를 쉽게 할 수 있었다.

(3) 룸메이트가 전화를 안 받는 걸 보니 잤을 게 뻔해요.

(4) 그렇게 공부를 열심히 하다가는 장학금을 받을 거예요.

(5) 이상 기후로 인해 세계 곳곳에서 지구 온난화 현상이 나타나고 있다.

(6) 미래에는 수질 오염이 심해져서 마실 물조차 구하기 어려워질지도 모른다.

(7) 이곳은 사고가 자주 일어나는 곳이므로 운전에 주의해 주시기 바랍니다.

● 아래 그림을 보고 배운 문법과 표현을 사용해서 짧은 이야기를 만들어 보세요.

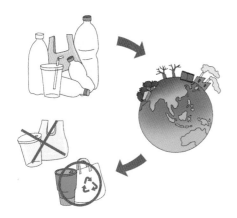

일회용품 사용량이 증가하면서 지구에 버려지는 쓰레기의 양도 해마다 늘어나고 있다. 지금처럼 _____

_____

_____

_____

_____

어휘 늘리기

● 다음 단어에 대해 알아보고 친구와 함께 질문에 대답해 보세요.

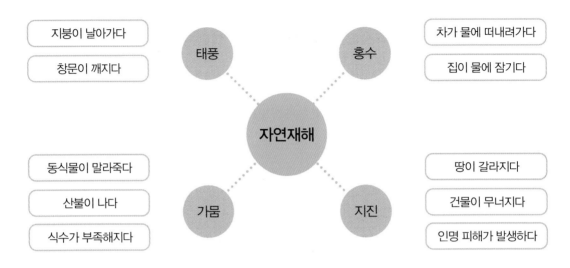

| 지붕이 날아가다 |
| 창문이 깨지다 |

태풍

홍수

| 차가 물에 떠내려가다 |
| 집이 물에 잠기다 |

자연재해

| 동식물이 말라죽다 |
| 산불이 나다 |
| 식수가 부족해지다 |

가뭄

지진

| 땅이 갈라지다 |
| 건물이 무너지다 |
| 인명 피해가 발생하다 |

• 자연재해를 겪어 본 적이 있습니까?

• 자연재해에는 어떤 것이 있고, 그로 인한 피해에는 어떤 것들이 있습니까?

• 자연재해로 피해를 입은 사람들에게 어떤 도움이 필요합니까?

1 다음 관용어에 대해 알아보세요.

눈을 돌리다

입을 모으다

손이 부족하다

골머리를 앓다

코앞에 닥치다

(1) (   ) : 일할 사람이 없다

(2) (   ) : 새로운 것으로 관심을 바꾸다

(3) (   ) : 해결할 방법이 없어서 계속해서 고민 중이다

(4) (   ) : 여러 사람이 어떤 일에 대해 똑같이 말하다

(5) (   ) : 긴장되거나 걱정되는 순간이 바로 앞으로 다가오다

2 빈칸에 알맞은 말을 써 보세요.

(1) 가 많은 나라들이 쓰레기 문제로 (   ).

　　 나 맞아요. 더 이상 쓰레기를 버릴 데가 없어서 우주로 쓰레기를 보내겠다는 얘기까지 나오더라고요.

(2) 가 어제 내린 폭우로 우리 동네에 많은 이재민이 발생했대요. 물에 잠긴 집들도 많고요.

　　 나 네, 저도 들었어요. 피해 복구를 위해 할 일이 많은데 (   ) 들어서 주말에
　　　 자원봉사를 갈까 생각 중이에요.

(3) 가 A 세제가 그렇게 좋다고 사람들이 (   ) 칭찬하던데 사용해 봤어요?

　　 나 네, 빨래가 깨끗하게 잘 되더라고요. 게다가 천연 성분을 사용한 친환경 제품이라고 하니 왠지
　　　 기분도 더 좋고요.

(4) 가 요즘 동영상 사이트에서 화제가 된 환경 다큐멘터리 봤어? 전 세계에서 일어나고 있는 이상 기
　　　 후 현상을 모아서 보여 주는데 너무 무섭더라.

　　 나 응, 나도 너무 무서웠어. 영상을 보는 내내 인류의 멸종 위기가 (   ) 기분이 들었어.

(5) 가 대기 오염이 갈수록 심각해져서 걱정인데 자동차는 점점 많아지는 것 같아요.

　　 나 그래서 요즘에는 휘발유나 경유를 사용하는 일반 자동차 대신 이산화탄소를 배출하지 않는
　　　 전기 자동차로 (   ) 사람들이 많아졌대요.

 • 여러분 나라에는 해결하지 못해 고민하고 있는 환경 문제가 있습니까?
　　　　　　　　 • 많은 사람들이 말하는 환경 문제를 해결하는 방법에는 무엇이 있습니까?

실전 말하기

Track 25

● 다음은 지구 환경과 채식에 대한 레나의 발표입니다.

- 채식을 하는 이유 :
  지구 온난화를 늦춤.
- 지구 온난화의 원인 :
  이산화탄소, 메탄가스
- 메탄가스의 발생 원인 :
  소나 양의 트림이나 가축의 배설물
- 이산화탄소의 발생 원인 :
  숲을 태울 때 나오는 연기
- 채식의 효과 :
  메탄가스와 이산화탄소의 발생 원인을
  줄여 지구 온난화를 늦춤.

저는 채식주의자인데요. 제가 채식을 하는 가장 중요한 이유는 조금이라도 지구 온난화를 늦추는 데 도움이 됐으면 하기 때문입니다. 지구 온난화를 일으키는 중요한 원인으로는 메탄가스와 이산화탄소가 있습니다. 그중 메탄가스의 배출량은 이산화탄소보다 적지만 2만 3천 배 이상의 온실효과를 일으킵니다. 이런 메탄가스는 소나 양의 트림이나 가축의 배설물에서 발생합니다. 또한 많은 가축을 키울 수 있는 넓은 땅을 만들기 위해 숲을 불태우기도 하는데 여기에서도 많은 양의 이산화탄소가 발생합니다. 그러므로 많은 사람들이 육식을 줄이고 채식을 할수록 메탄가스와 이산화탄소의 발생량이 줄어들 것이며 그렇게 되면 지구 온난화를 늦출 수 있게 될 것입니다.

메탄가스 | 트림 | 가축 | 배설물

● 다음의 행동들이 지구 환경에 도움이 되는 이유를 설명해 보세요.

환경을 위한 자전거 타기	텀블러 사용	장바구니 사용
• 자전거를 타는 이유 : 　　　　지구 온난화를 늦춤. • 지구 온난화의 원인 : 　　　　이산화탄소 • 이산화탄소의 발생 원인 : 　　휘발유와 같은 화석 연료의 사용 • 자전거 타기의 효과 : 　이산화탄소의 발생 원인을 줄여 　　　　지구 온난화를 늦춤.	• 텀블러를 사용하는 이유 : 　　　　해양 오염을 줄임. • 해양 오염의 원인 : 　　　　미세 플라스틱 • 미세 플라스틱의 발생 원인 : 　　일회용 플라스틱 제품의 사용 • 텀블러 사용의 효과 : 　　미세 플라스틱으로 인한 　　　해양 오염을 막음.	• 장바구니를 사용하는 이유 : 　　　　토양 오염을 줄임. • 토양 오염의 원인 : 　비닐 봉투 같은 썩지 않는 쓰레기 • 비닐 쓰레기의 발생 원인 : 　　생각 없는 비닐 제품의 사용 • 장바구니 사용의 효과 : 　　비닐 쓰레기로 인한 　　　토양 오염을 막음.

• 여러분은 어떤 활동을 통해 환경 보호를 실천하고 있습니까?

• 그 방법은 어떻게 지구 환경에 도움을 줍니까?

● 다음 표현을 사용해서 이야기해 보세요.

이유 및 목적 설명하기	＿＿＿＿＿＿–는 가장 중요한 이유는 ＿＿＿＿＿＿– 기 때문이다 ＿＿＿＿＿ 을/를 하는 가장 중요한 이유는 ＿＿＿＿＿– 기 위해서이다
원인 설명하기	＿＿＿＿ 은/는 ＿＿＿＿＿ 을/를 일으키다/일으키는 주요한 원인이다 ＿＿＿＿ 은/는 ＿＿＿＿＿ 에서 발생하다/발생되다 ＿＿＿＿ 은/는 ＿＿＿＿＿ 에서 비롯하다/비롯되다
정리하여 마무리하기	그러므로 ＿＿＿＿ 은/는 ＿＿＿＿＿–는 것이다 그러므로 ＿＿＿＿＿–(으)면 ＿＿＿＿＿–(으)ㄹ 수 있다

실전 쓰기

◉ 문제의 현황과 원인을 설명하고 미래를 전망하는 글 쓰기

보기

지구 온난화 현상이 심해지면서 남극의 빙하도 빠르게 녹고 있다. 최근 13년 사이에 약 2조 톤의 빙하가 사라졌고 해마다 500톤 규모의 빙하가 사라지고 있다고 한다. 이렇게 남극의 빙하가 빠른 속도로 줄어든 원인은 다음과 같다. 첫째, 지구 온난화로 인해 남극에 내리는 눈의 양이 줄어든 것을 들 수 있다. 둘째, 강한 바람이 따뜻해진 바닷물을 빙하 쪽으로 이동시킨 것도 남극의 빙하가 감소하는 데에 영향을 미치고 있다. 이러한 원인으로 남극의 빙하는 앞으로도 빠른 속도로 줄어들 전망이다.

◉ 문장 구성

내용	표현
현황	최근 _____이/가 _____–(ㄴ/는)다고 한다. _____이/가 _____–(으)면서 _____도 _____–고 있다.
원인	이러한 _____의 원인은 다음과 같다. 첫째, _____을/를 들 수 있다. 둘째, _____도 _____에 영향을 미치고 있다.
전망	이러한 원인으로 인해 _____은/는 _____–(으)ㄹ 전망이다.

1 다음 내용을 보고 질문에 대한 답을 문장으로 써 보세요.

대구의 기온 변화 현황

• 대구의 여름 기온이 꾸준히 상승하고 있음.
• 대구가 아프리카만큼 덥다는 뜻으로 '대프리카'라고 불림.

기온 상승의 원인

• 산으로 둘러싸여 바람이 통하지 않는 지형적 특성
• 고층 빌딩과 자동차 수의 증가

전망

• 온실가스 배출을 줄이지 않으면 대구의 여름 기온은 계속해서 상승할 것임.

(1) 대구의 여름 날씨는 어떻습니까? 대구는 뭐라고 불리고 있습니까?

현황

_____

_____

(2) 대구의 날씨가 더운 이유는 무엇입니까?

원인

_____

_____

(3) 앞으로 대구의 날씨는 어떻게 될 것이라고 생각합니까?

전망

_____

_____

_____

CHAPTER

06

정보화 사회

6-1 일을 하면서 아이를
셋이나 키우다니,
대단해요

문법 1   V-(으)ㄴ 채로

문법 2   A/V-다니

어휘와 표현   뉴스와 사회
N을/를 대상으로
N에 대해 조사하다

듣고 말하기   사회적 이슈

6-2 사실이 아닌데도
사실인 것처럼
이야기해요

문법 1   A-(으)ㄴ데도
V-는데도

문법 2   A-(으)ㄴ 듯하다
V-는 듯하다

어휘와 표현   1인 미디어
N이/가 N을/를 차지하다

읽고 말하기   이제는 1인 미디어 시대

6-3   한 단계 오르기

생각해 봅시다   6단원 자기 점검

어휘 늘리기   SNS
속담 2

실전 말하기   정보 전달하기

실전 쓰기   설문 조사

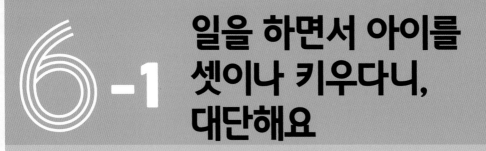

6-1 일을 하면서 아이를 셋이나 키우다니, 대단해요

• 어떤 분야의 뉴스에 관심이 있습니까?

• 최근에 본 뉴스 중 가장 기억에 남는 뉴스는 무엇입니까?

문법 1

V-(으)ㄴ 채(로)

한국에서는 신발을 신고 방에 들어가면 안 돼요?

네, 신발을 신은 채로 방에 들어가면 안 돼요.

💡 앞의 행동이나 일이 끝나고 그 상태가 지속되는 상황에서 다음 행동이 일어날 때 쓰는 표현이다. 앞의 상태와 뒤의 행동이 어울리지 않다고 생각되는 부자연스러운 상황이나 일반적이지 않은 상황 등에 쓰는 경우가 많다.

신발을 **신은 채로**   방에 들어가면   안 돼요.

↓   ↓

행동이 완료된 후의 상태가 지속됨.   **함께 이루어지는 다음 일**

- 아침에 늦게 일어나서 화장을 **안 한 채로** 출근했어요.
- 그 문제는 아직 **해결되지 못한 채** 숙제로 남아 있습니다.
- 요즘은 스타킹을 **신지 않은 채로** 구두를 신는 사람들이 많아요.
- 깜빡 잊어버리고 에어컨을 **켜 놓은 채로** 집에서 나왔어요.
- 학생들이 졸려서 눈을 반쯤 **감은 채로** 수업을 듣고 있습니다.

연습

◉ 문장을 만들어 보세요.

(1) 피곤하다 / 옆 사람 어깨에 기대다 / 잠이 들다

→ _____

(2) 정신이 없다 / 지갑을 주머니에 넣다 / 바지를 세탁기에 돌리다

→ _____

(3) 밤에 많이 울다 / 다음날 눈이 붓다 / 출근하다

→ _____

1 보기 와 같이 이야기해 보세요.

보기   문을 열어 놓다   문을 닫다

> 어떡하죠? 문을 열어 놓은 채로 나온 것 같아요.

> 그럼 빨리 가서 문을 닫았는지 확인해 보세요.

(1) 욕조에 물을 틀어 놓다   물을 잠그다

(2) 히터를 켜 놓다   히터를 끄다

(3) 휴대폰을 화장실에 두다   (   )

(4) (   )   가스 불을 끄다

2 실수를 했다는 것을 한동안 모른 적이 있습니까? 실수한 것을 나중에 알게 돼서 부끄러웠던 경험에 대해 이야기해 보세요

> 얼굴에 자장면 양념을 **묻힌 채** 친구를 만난 적이 있어요. 친구가 저한테 얼굴에 뭐가 묻었다고 말해 줘서 거울을 보니까 입 주변에 자장면 양념이 잔뜩 묻어 있어서 너무 부끄러웠어요.

문법 2

A/V-다니

우리 학교 야구팀이 우승을 했다는 소식 들었지요?

네, 우리 학교 야구팀이 우승을 하다니! 정말 놀라워요.

예상하지 못한 일을 알게 되거나 경험하고 나서 그에 대한 놀라움이나 아쉬움, 감탄 등을 표현할 때 사용한다. 어떤 사실을 깨닫고 그에 대한 자신의 의견이나 평가를 덧붙여 말하는 경우가 많은데, 덧붙이는 말 없이 그 사실에 대한 놀라움을 강조하여 느낌표(!)를 사용해 문장을 마치기도 한다.

우리 학교 야구팀이 우승을 **하다니**   정말 놀라워요.

↓   ↓

알게 된 사실   감정, 생각

- 9월인데 날씨가 이렇게 **덥다니**, 여름이 정말 길어진 것 같아요.
- 그렇게 많은 음식을 혼자서 다 **먹다니**, 너 정말 대단하다.
- 4시간 동안 자리에서 한 번도 안 일어나고 공부를 **하다니**, 정말 뿌듯하네요.
- 그렇게 공부를 열심히 했는데, 내가 시험에 **떨어지다니!**
- 벌써 다음 주가 **졸업이라니**, 시간이 참 빠르네요.

연습

● 문장을 만들어 보세요.

(1) 제일 좋아하는 아이돌 / 직접 만나다 / 꿈만 같다

→ _____

(2) 그렇게 어려운 문제 / 10분 만에 풀다 / 정말 똑똑하다

→ _____

(3) 아직 화요일이다 / 주말이 되려면 4일이나 남다

→ _____

활동

1 보기 와 같이 이야기해 보세요.

보기　5월인데 눈이 왔다, 뉴스　　　　　　　　　　　믿어지지 않다

5월인데 눈이 왔다는 뉴스 들었어요?

네, 들었어요. 5월인데 눈이 오다니, 믿어지지 않네요.

(1) 마크 씨가 쓰러졌다, 소식　　　　　　　걱정이다

(2) 파티마 씨가 취업에 성공했다, 이야기　　　정말 잘됐다

(3) 카린 씨와 파비우 씨가 싸웠다, 소문　　　(　　　　　　　　　　　　)

(4) (　　　　　　　　　　　　), 뉴스　　　　정말 놀랍다

2 최근에 있었던 일에 대해 다음과 같이 이야기해 보세요.

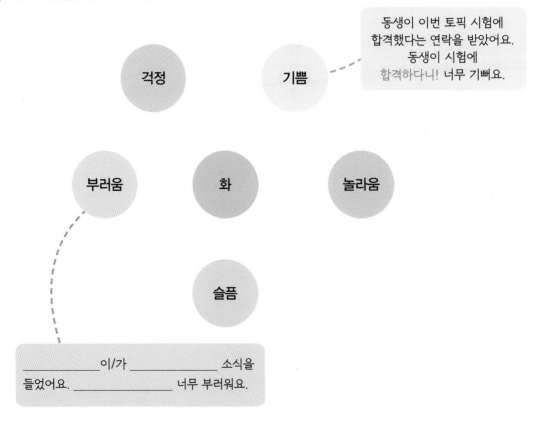

동생이 이번 토픽 시험에 합격했다는 연락을 받았어요. 동생이 시험에 합격하다니! 너무 기뻐요.

기쁨

걱정

부러움　　화　　놀라움

슬픔

_____ 이/가 _____ 소식을 들었어요. _____ 너무 부러워요.

대화

● 대화를 듣고 따라 읽어 보세요.

엠마 오늘 우리 학교에서 영화 촬영을 한다는 소식 들었어요?

첸 네, 들었어요. 우리 학교에서 영화를 찍다니! 진짜 신기해요.

엠마 유명한 배우들을 직접 만날 수 있다니, 꿈만 같아요. 지금 바로 구경하러 가려고 하는데 같이 갈래요?

첸 좋아요. 아, 그런데 교실에 가방을 둔 채로 그냥 나왔네요.

엠마 그럼 빨리 교실에 가서 가방을 들고 오세요. 여기에서 기다리고 있을게요.

첸 네, 금방 갔다 올게요.

어휘와 표현

1 다음 단어에 대해 알아보고 빈칸에 알맞은 말을 쓰세요.

의료	인구	저출산	출산율	수도권
의료 시설	인구가 감소하다	저출산 문제	출산율 감소	수도권 주민

수도와 그 주변	병을 치료하는 것	아이를 낳는 비율	아이를 적게 낳음.	한 지역에 사는 사람의 수

(1) (   ) (2) (   ) (3) (   ) (4) (   ) (5) (   )

2 다음 단어와 의미가 맞는 것을 연결하세요.

(1) 지적하다　　　　　　　　　　　　　　㉮ 다른 기준으로 생각하다

(2) 화제가 되다　　　　　　　　　　　　　㉯ 관심을 가지고 신경을 쓰다

(3) 관심을 기울이다　　　　　　　　　　　㉰ 사람들이 이야기하는 주제가 되다

(4) 경쟁이 치열하다　　　　　　　　　　　㉱ 서로 이기기 위해 심하게 노력하다

(5) 다른 시각에서 바라보다　　　　　　　　㉲ 다른 대상의 잘못된 점을 가리켜 말하다

N을/를 대상으로 N에 대해 조사하다
설문 조사에서 어떤 사람들에게 무엇에 대해 물어봤는지를 나타낸다.

- 미혼 남녀 1,000명을 **대상으로** 결혼하고 싶은 사람의 조건에 대해 **조사했다**.
- 사회 전문가 300명을 **대상으로** 인구 감소의 원인과 해결책에 대해 **조사했다**.
- 수도권에 거주하는 외국인들을 **대상으로** 한국에 오게 된 이유에 대해 **조사했다**.

듣고 말하기 1

● 무엇에 대한 이야기일까요?

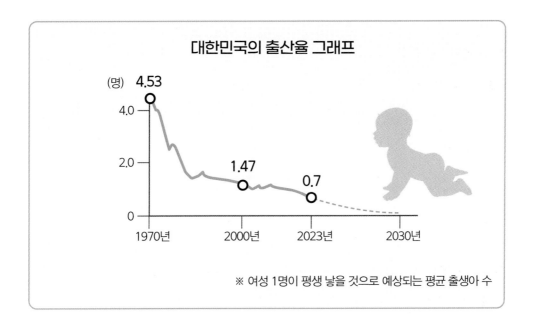

대한민국의 출산율 그래프

(명) 4.53

4.0

2.0   1.47

       0.7

0

1970년   2000년   2023년   2030년

※ 여성 1명이 평생 낳을 것으로 예상되는 평균 출생아 수

1 다음을 잘 듣고 대답해 보세요.

Track 27

(1) 이 사업가는 무엇에 대해 지적했습니까?

(2) 100년 후에 한국에 어떤 문제가 생길 수 있다고 합니까?

(3) 이런 문제가 생긴 이유는 무엇이라고 생각합니까?

사업가 | 현상 | 지속되다 | 줄어들다 | 사라지다

듣고 말하기 2

1 다음은 뉴스의 일부입니다. 잘 듣고 질문에 답하세요.

(1) 무엇에 대해 설문 조사를 했습니까?

(2) 설문 조사의 결과는 무엇입니까?

순위	내용
1위	
2위	아이를 키우려면 돈이 많이 필요하기 때문에
3위	

(3) 전문가가 말한 문제 해결 방법에는 무엇이 있습니까?

> 가. 지방 도시에 (,   ,   )을/를 충분히 만들어야 한다.
>
> 나. 청년들을 위한 (   )을/를 만들어야 한다.

2 여러분의 생각을 이야기해 보세요.

(1) 여러분은 자녀를 가질 생각이 있습니까? 가진다면 몇 명의 자녀를 갖고 싶습니까?
자녀를 원하지 않는다면 그 이유는 무엇입니까?

(2) 자녀가 많으면 어떤 장·단점이 있습니까? 자녀가 없을 때의 장·단점은 무엇이 있습니까?

(3) 저출산 문제를 해결하기 위해 각 나라에서 어떤 노력을 하고 있는지 알고 있습니까?

● 여러분 나라에서는 최근 어떤 문제가 사회적 이슈가 되고 있습니까? 이야기해 보세요.

환경 실업 세대 갈등 범죄

부동산 교육 젠더 갈등

질병 물가 인구 ?

우리 나라에서는 요즘 젊은 사람들의 실업 문제가
사회적 문제로 떠올랐어요. 정부가 일자리를
많이 만들려 하고 관심을 기울이고 있는데
앞으로 잘 해결될지는 모르겠어요.

우리 나라에서는 집을 사고 싶어 하는 사람들은 많은데
집을 구하기 쉽지 않아서 많은 사람들이 힘들어하고 있어요.
정부에서도 부동산 문제를 해결하기 위해 여러 정책을 마련하고
있으니 잘 해결될 거라고 믿어요.

단순히 │ 자기중심적 │ 갖추다 │ 휴직 │ 꾸준히 │ 마련하다 │ 소 잃고 외양간 고치다 │ 부동산 │ 실업

6-2 사실이 아닌데도 사실인 것처럼 이야기해요

- SNS에 글이나 동영상을 올려 본 적이 있습니까?
- 구독하고 있는 크리에이터 채널이 있습니까?

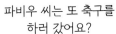

문법 1

A-(으)ㄴ데도 V-는데도

파비우 씨는 또 축구를 하러 갔어요?

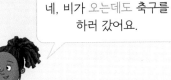

네, 비가 오는데도 축구를 하러 갔어요.

앞의 상황이나 행동에 관계 없이 뒤의 일이 있을 때 사용한다. 앞의 상황이 뒤의 일에 영향을 미칠 만한 조건인데 그와 상관없이 뒤의 결과가 발생할 때 쓰는 표현이다.

비가 **오는데도**   축구를 하러 갔어요.

↓   ↓

배경이나 상황   앞의 영향을 받지 않고 일어나는 일

- 날씨가 **추운데도** 짧은 옷을 입는 사람들이 많아요.
- 제 친구는 매일 공부를 안 하고 **노는데도** 시험을 잘 봅니다.
- 학생들에게 떠들지 말라고 여러 번 **이야기했는데도** 시끄럽게 이야기해요.
- 일이 너무 많아서 **주말인데도** 회사에 가서 일을 해야 해요.
- 빈 씨는 연예인이 **아닌데도** 길에서 알아보는 사람이 많아요.

연습

● 문장을 만들어 보세요.

(1) 여자 친구를 매일 학교에서 보다 / 또 보고 싶다

→ _____

(2) 돈을 열심히 벌다 / 모이지 않다

→ _____

(3) 음식이 맵다 / 자꾸 먹게 되다

→ _____

활동

1 보기 와 같이 이야기해 보세요.

보기

단어를 열심히 외우다, 자꾸 잊어버리다   단어와 함께 문장도 외우다

> 단어를 열심히 외우는데도 자꾸 잊어버려요.

> 그럼 단어와 함께 문장도 외워 보세요.

(1) 아침을 먹고 오다, 자꾸 배가 고프다   쉬는 시간에 간식을 먹다

(2) 주말에 놀았다, 또 놀고 싶다   해야 할 일을 다 끝낸 다음에 놀다

(3) (   ), 집이 깨끗해지지 않다   필요 없는 물건을 버리다

(4) 수업을 열심히 듣다, (   )   이해가 안 되면 선생님께 물어보다

2 규칙을 잘 지키지 않는 사람들이 있습니다. 다음의 장소에서 규칙을 지키지 않는 경우에 대해 이야기해 보세요.

> 수영장에서 천천히 걸어 다니라고 하는데도 꼭 뛰는 아이들이 있어요.

문법 2

A-(으)ㄴ 듯하다   V-는 듯하다

오늘 오후에 날씨가 어떨까요?

하늘이 어두운 걸 보니 비가 내릴 듯해요.

> 추측이나 의견을 조심스럽게 표현할 때 사용한다. 글을 쓸 때 자주 쓰고 조심스럽게 표현하기 때문에 약간 격식적인 느낌을 주기도 한다.

하늘이 어두운 걸 보니   비가 내릴 듯해요.
↓   ↓
근거   추측

- 친구가 화장실에 자주 가는 걸 보니 배가 **아픈 듯하다.**
- 비가 올지도 모르니까 우산을 가져가는 게 **좋을 듯합니다.**
- 룸메이트가 내 친구를 **좋아하는 듯한데** 물어보면 안 좋아한다고 말해요.
- 저 사람 어디서 **본 듯한** 얼굴인데 잘 기억이 나지 않아요.
- 첸이 전화를 안 받는 걸 보니 수업 **중인 듯해요.**

연습

● 문장을 만들어 보세요.

(1) 연락이 안 되다 / 문제가 생기다

→ _____

(2) 바람이 많이 불다 / 내일 태풍이 오다

→ _____

(3) 빈 씨가 친구들한테 선물을 받다 / 오늘이 생일이다

→ _____

활동

1 보기 와 같이 이야기해 보세요.

보기
> 좋은 내용의 동영상을 올리다, 구독자 수가 늘지 않다
>
> 스트레스를 많이 받다, 편집을 도와줄 사람을 찾아보다

좋은 내용의 동영상을 올리는데도 구독자 수가 늘지 않아요.

스트레스를 많이 받는 듯하네요. 편집을 도와줄 사람을 찾아보는 게 좋을 듯해요.

(1) 약을 먹다, 감기가 낫지 않다　　　　　　감기가 아니다, 병원에 가서 검사를 해 보다

(2) 밤에 잠을 많이 자다, 졸리다　　　　　　몸이 안 좋다, 영양제를 먹어 보다

(3) 친구가 메시지를 봤다, 답장을 하지 않다　(　　　　　　　　), 나중에 전화를 해 보다

(4) 옷이 많다, 자꾸 옷을 사게 되다　　　　　충동구매를 하다, (　　　　　　　)

2 가까운 사람들과 메시지를 보낼 때 다음과 같이 보내기도 합니다. 여러분도 이 표현을 활용하여 메시지를 보내 보세요.

오늘 올 수 있어?

응, 근데 좀 늦을 듯.

파비우는 전화 안 받던데 혹시 오늘 오는지 물어봤어?

알바 중인 듯. 아마 올걸?

알겠어. 우산 가져와! 이따 비 올 듯.

○○

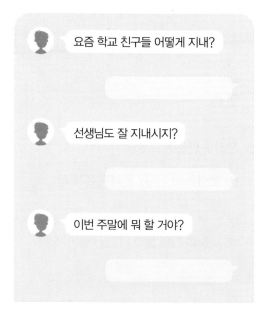

요즘 학교 친구들 어떻게 지내?

선생님도 잘 지내시지?

이번 주말에 뭐 할 거야?

영양제 ┊ 충동구매

180

대화

● 대화를 듣고 따라 읽어 보세요.

첸 여기에서 영화 촬영을 하는 거지요? 일찍 **왔는데도** 사람들이 많네요.
이 시간에는 사람들이 별로 없을 줄 알았는데….

엠마 네, 생각보다 사람이 많네요. 이따 소문을 듣고 사람들이 더 많이 **몰릴 듯해요.**

첸 어? 저기 반대편에 빈 씨도 와 있네요. 동영상 촬영 중인가 봐요. 학교에서
영화를 찍는 건 흔한 일이 아니니까 동영상을 찍어서 인터넷에 **올리려는 듯해요.**

엠마 크리에이터 활동도 쉽지 않아 보여요. 아이디어도 생각해 내야 하고 촬영도
해야 하고 게다가 편집까지… 저는 아마 못할 것 같아요.

첸 맞아요. 아무나 할 수 있는 일이 아닌 것 같아요. 그런데 몇 시부터 영화 촬영을
한대요?

엠마 3시부터인데 상황에 따라 바뀔 수 있다고 들었어요.

몰리다 | 흔하다

어휘와 표현

1 다음 단어에 대해 알아보고 빈칸에 알맞은 말을 쓰세요.

SNS	콘텐츠	네티즌	미디어	실시간
SNS 활동	영상 콘텐츠	해외 네티즌	1인 미디어	실시간 방송

(1) (　　　　)　　(2) (　　　　)　　(3) (　　　　)　　(4) (　　　　)　　(5) (　　　　)

2 다음 단어와 의미가 맞는 것을 연결하세요.

(1) 제작하다　•　　　　•　㉮ 물건이나 작품 등을 만들다

(2) 전달하다　•　　　　•　㉯ 움직임이나 진행 속도가 빠르다

(3) 공유하다　•　　　　•　㉰ 강한 감각을 느끼거나 반응이 일어나게 하다

(4) 신속하다　•　　　　•　㉱ 물건이나 정보 등을 받아 다른 사람에게 주다

(5) 자극적이다　•　　　•　㉲ 여러 사람이 물건을 함께 가지거나 서로 알 수 있게 정보를 알리다

오늘의 표현

N이/가 N을/를 차지하다
조사 결과의 순위나 비중을 나타낸다.

- 1인 미디어 활동을 시작한 지 얼마나 되었냐는 질문에 1~2년 되었다는 응답이 35%를 **차지했다.**
- 20대 네티즌 1,000명을 대상으로 SNS 1일 이용 시간에 대해 조사한 결과 '3~4시간'이라는 응답이 1위를 **차지했다.**
- 유학생을 대상으로 한국에 오게 된 이유에 대해 조사한 결과 '한국의 콘텐츠를 보고 호기심이 생겨서'라는 응답이 30%로 1위를 **차지했다.**

읽고 말하기 1

● 다음은 무엇에 대한 포스터입니까?

1인미디어콘텐츠 공모전

"1인 미디어, 나도 할 수 있다!"

한국에 거주하는 외국인들을 대상으로
1인 미디어 콘텐츠 공모전을 실시합니다.
콘텐츠 제작에 관심 있는 분들의 많은 참여를 바랍니다.

▶ 주제 : 집에서 즐기는 K-콘텐츠
　　　　외국인에게 소개하고 싶은 **맛집**
　　　　한국 생활에 도움이 되는 **꿀팁**
▶ 신청 자격 : 콘텐츠 제작에 관심 있는 대한민국 거주 외국인
▶ 신청 기한 : ~ 8월 31일
▶ 신청 방법 : 참가 신청서 작성 후 이메일로 접수(ucc@hongik.ac.kr)

1 위의 포스터를 보고 질문에 대답해 보세요.

(1) 어떤 사람들이 공모전에 신청을 할 수 있습니까?

(2) 신청하고 싶은 사람들은 어떻게 해야 합니까?

(3) 여러분이 공모전에 참여한다면 어떤 주제로 콘텐츠를 만들어 보고 싶습니까?

거주하다 │ 공모전 │ 실시하다 │ 꿀팁

읽고 말하기 2

● 다음은 1인 미디어에 대한 글입니다.

이제는 1인 미디어 시대

누구나 인터넷상에서 콘텐츠를 생산할 수 있는 시대가 되었다. 남녀노소 누구든지 간단하게 SNS에 글을 쓰거나 동영상을 올려 많은 사람들에게 정보를 전달할 수 있게 된 것이다. 이와 같이 개인이 글이나 사진, 영상 등을 인터넷에서 사람들과 공유하는 모든 형태의 서비스를 '1인 미디어'라고 한다.

무선 인터넷의 발달과 스마트폰의 보급으로 인해 언제 어디서나 정보를 공유할 수 있게 되면서 1인 미디어의 영향력은 점점 더 커지는 듯하다. 신속하게 소식을 전달하고 실시간 댓글로 사람들의 의견을 다양하게 들어볼 수 있기 때문에 사회적인 문제를 쉽고 빠르게 공유할 수 있다는 점에서 1인 미디어가 긍정적인 역할을 한다고 할 수 있다.

이거 절대 하지 마세요!

대한민국 1%만 아는 공부 비결

내가 A사 제품만 사용하는 이유

충격! 연예인 B 씨의 비밀

놀면서 한 달에 500 버는 방법

하지만 1인 미디어에 대해 우려되는 부분도 존재한다. 많은 사람들이 그 콘텐츠를 봐야 수익을 얻을 수 있기 때문에 사람들의 주목을 받기 위해 자극적인 제목으로 콘텐츠를 만들어 사람들의 관심을 끌기도 한다. 사실이 아닌데도 사실인 것처럼 가짜 뉴스를 만들어 내기도 하고 어린이들에게 나쁜 영향을 미칠 만한 말이나 행동을 하는 경우도 있다.

1인 미디어가 우리 삶에서 차지하는 비중이 점점 커지면서 1인 미디어를 대하는 네티즌들의 자세도 더욱 중요해지고 있다. 지나치게 자극적인 제목이나 사람들을 불쾌하게 하는 콘텐츠는 멀리하고 평소에 어떤 뉴스를 접할 때 그 뉴스가 사실인지 거짓인지 살펴보는 자세가 필요하다.

1 질문에 답하세요.

(1) '1인 미디어'가 무엇입니까?

(2) 1인 미디어의 장점과 단점은 무엇이 있습니까?

장점	단점
• 신속하게 소식을 전달할 수 있다. •	• • 어린이들에게 나쁜 영향을 미칠 수 있다.

(3) 1인 미디어를 어떻게 대하는 것이 좋다고 했습니까?

2 여러분의 생각을 이야기해 보세요.

(1) 사람들의 관심을 끌 만한 제목에는 어떤 것이 있습니까?

(2) 제목에 흥미가 생겨 내용을 봤다가 후회한 경험이 있습니까?

(3) 자주 보는 1인 미디어 채널이 있다면 소개해 주세요.

○ 3분짜리 동영상을 만든다면 어떻게 만들겠습니까? 메모해 보세요.

한국에 가면 이것부터 사세요!	제목	
한국에서 꼭 사야 할 물건에 대해 소개한다. - 한국에서 사면 싼 물건 - 한국에서만 파는 물건 - 부모님께 선물하기 좋은 물건	내용	
직접 보여 줄 물건들	준비할 것	

 안녕하세요, 여러분! 빈이에요. 한국에 여행 가면 어떤 물건을 꼭 사 와야 할까요? 오늘은 한국에 가면 꼭 사야 할 물건 '베스트 5'를 소개할 거예요. 잠깐! 영상 시작하기 전에 '구독'과 '좋아요' 눌러 주세요!

−상 | 남녀노소 | 형태 | 무선 인터넷 | 영향력 | 비중 | 역할 | 우려되다 | 수익 | 불쾌하다 | 멀리하다

6-3 한 단계 오르기

생각해 봅시다

◉ 다음 어휘와 문법 중 잘 이해하고 있는 것에 표시(✓)하세요.

☐ 의료	☐ 수도권	☐ 출산율
☐ 인구	☐ 미디어	☐ 실시간
☐ 경쟁이 치열하다	☐ 자극적이다	☐ 제작하다
☐ 관심을 기울이다	☐ 신속하다	☐ 공유하다

☐ 신발을 **신은 채로** 방에 들어가면 안 돼요.

☐ 우리 학교 축구 팀이 우승을 **하다니!** 놀라워요.

☐ 유학생 1,000명을 **대상으로** 가장 좋아하는 **한국 음식에 대해** 조사했다.

☐ 날씨가 **추운데도** 짧은 옷을 입는 사람들이 많습니다.

☐ 하늘이 어두운 걸 보니 비가 **내릴 듯해요.**

☐ 유학생을 대상으로 가장 좋아하는 한국 음식에 대해 조사한 **결과** 불고기가 1위를 차지했다.

◉ 아래의 문장을 보고 보기 와 같이 이야기해 보세요.

> 저는 요즘 K-Pop을 좋아하기 시작해서 한국 아이돌에게 관심을 기울이고 있어요.

보기

이 문장에서
관심을 기울인다는 말이
어색하지 않아요?

'관심을 기울이다'는 어떤 문제를 해결하기 위해서 신경을 쓰거나 노력한다는 의미로 쓰이기 때문에 이런 경우에는 '관심이 있어요'나 '관심이 생겼어요'를 쓰는 것이 자연스러워요.

186

1 다음 중 단어가 어색하게 쓰인 문장이 없는지 친구와 이야기해 보세요.

(1) 외국인도 보건소 같은 지역 의료 기관에서 치료를 받을 수 있다.

(2) 저는 성격이 신속해서 일을 천천히 하는 사람을 보면 답답합니다.

(3) 좋은 정보가 있으면 혼자만 공유하지 말고 다른 사람에게도 알려 주세요.

(4) 저는 맵고 짠 음식보다 맛이 강하지 않은 자극적인 음식을 좋아해요.

(5) 선수들의 실력이 비슷하기 때문에 이번 대회는 경쟁이 치열할 것으로 예상된다.

2 다음 중 문법이나 표현이 어색하게 쓰인 문장이 없는지 친구와 이야기해 보세요.

(1) 피곤해서 책상에 엎드리는 채로 잠이 들었어요.

(2) 좋아하는 배우를 직접 만날 수 있다니, 꿈만 같다.

(3) 친구가 화장실에 자주 가는 걸 보니 배가 아픈 듯한다.

(4) 수업 시간에 여러 번 들은데도 이해가 되지 않는 문법이 있습니다.

(5) 나이 많은 분께 인사할 때 주머니에 손을 넣은 채로 인사하면 안 돼요.

(6) 30대 남녀를 대상으로 결혼을 하지 않는 이유에 대해 조사했다.

(7) 조사 결과 '돈이 없어서'라는 응답을 2위가 차지했다.

3 아래 그림을 보고 배운 문법과 표현을 사용해서 짧은 이야기를 만들어 보세요.

오늘이 시험이라서 어제 밤늦게
까지 공부를 했다. 공부하다가 _____

_____

_____

_____

_____

어휘 늘리기

● 다음은 SNS와 관련된 어휘입니다. 다음 단어에 대해 알아보고 친구와 함께 질문에 대답해 보세요.

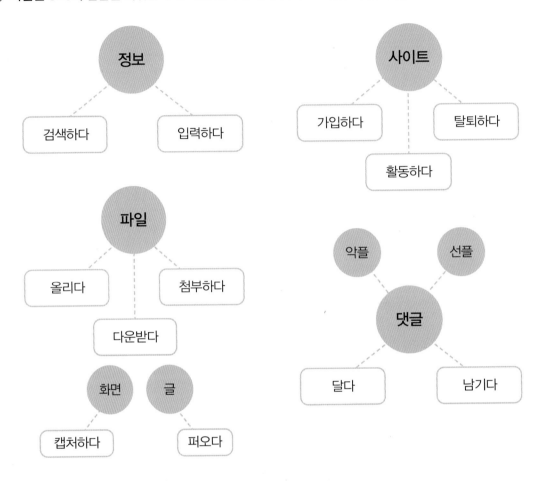

- SNS에 어떤 파일을 많이 올립니까? 최근에 다운받은 파일은 무엇입니까?

- 마음에 드는 콘텐츠를 보고 댓글을 달아 본 경험에 대해 이야기해 보세요.

- 알고 싶은 정보가 있으면 어떻게 정보를 얻습니까? 자주 이용하는 검색 사이트가 있습니까?

- 사이트에 가입했다가 탈퇴한 경험이 있습니까?

1 다음 속담에 대해 알아보세요.

가는 말이 고와야 오는 말이 곱다

입에 쓴 약이 병에는 좋다

소 잃고 외양간 고치기

뿌린 대로 거둔다

아니 땐 굴뚝에 연기 날까

(1) (   ) : 과거의 행동에 따라 결과가 정해짐.

(2) (   ) : 상대방에게 친절하게 말해야 그 사람도 나를 친절하게 대함.

(3) (   ) : 모든 소문에는 소문이 날 만한 원인이 있음.

(4) (   ) : 듣기 싫은 조언이라도 잘 듣고 행동하면 도움이 됨.

(5) (   ) : 일이 잘못된 후에 후회를 해도 소용없음.

2 빈칸에 알맞은 말을 써 보세요.

(1) 가 김 선수가 대회 성적이 좋지 않아서 이번 올림픽에 못 나가게 됐다는 뉴스를 봤어.
    나 (   )고 그동안 연습도 안 하고 놀기만 했으니 당연한 결과지.

(2) 가 서울시 블로그에서 봤는데 이제야 하수 시설을 고친대요.
    나 (   )라고 홍수가 나서 건물이 물에 잠기고 나니 고쳐 주네요.

(3) 가 이 인터넷 기사 댓글들 봤어? 사람들이 댓글로 엄청 싸우고 있어.
    나 응, 나도 봤어. (   )고 처음에 댓글 단 사람이 좋은 말로 달았으면 그렇게 싸움이
    커지지는 않았을 텐데.

(4) 가 배우 제이랑 태오가 사귄다는 기사가 또 났어. 진짜 둘이 사귀는 거 아냐?
    나 두 사람은 아니라고 말하는데 (   ) 싶어. 둘 사이에 뭔가 있으니까 이런 기사가
    자꾸 나는 거 아니겠어?

(5) 가 아, 기분 나빠. 열심히 영상 만들어서 올렸는데 맞춤법 좀 틀리지 말라는 댓글이 달렸어.
    나 (   )고 지금은 기분이 나쁘겠지만 그 조언을 받아들여서 영상을 올리면 사람
    들이 네가 얼마나 노력하는지 알게 될 거야.

 • 어떤 상황을 보고 뿌린 대로 거둔다고 생각했습니까?
        • 들을 때는 기분이 좋지 않았지만 도움이 되었던 조언이 있습니까?

실전 말하기

정보 전달하기

● 다음은 인구 감소에 대한 내용과 이를 요약하여 전달하는 대화입니다.

Track 30

'인구 감소'라는 말을 들으면 어떤 생각이 드십니까? '저출산', '고령화'라는 단어부터 떠오르시죠? 그런데 저출산 고령화로 인해 우리 사회가 어떻게 변할지 구체적으로 생각해 보신 분은 많이 없으실 듯합니다. 지금부터 인구 감소가 불러올 미래에 대해 살펴보겠습니다.

한국의 출산율은 세계에서 가장 낮다는 걸 알고 있는 분들 많으시죠? 이렇게 가다가는 아이 없는 나라, 청년 없는 나라가 될 것입니다. 아이들의 수가 줄면 어떤 변화가 생길까요? 아이들과 관련된 많은 직업들이 30년 후에는 사라질지도 모릅니다. 아이들이 적으니 당연히 학교에 가는 아이들이 줄겠죠? 아이들이 학교에 적게 가면 어떤 지역은 학교가 없어지는 경우도 있을 것입니다. 초·중·고등학교뿐만 아니라 대학교들도 많이 정리될 것입니다. 선생님의 수도 학교의 수만큼 감소할 것입니다. 한국의 사교육 시장은 크다고 알고 있지만 글쎄요. 30년 후에도 사교육 시장이 지금의 규모를 유지할 수 있을까요? 학생들이 반으로 줄어드니 학원들도 많이 사라질 듯합니다. …

□□□□□ : 중요 정보

내가 어제 동영상을 하나 봤는데 인구 감소에 대한 영상이었거든. 미래에 저출산 때문에 아이들이 줄어드니까 선생님이나 학원, 학교가 줄게 될 거래.

어? 나도 비슷한 동영상을 봤는데 거기에서는 저출산 고령화와 함께 1인 가구가 늘면서 물건을 대량으로 파는 대형 마트보다 편의점이나 물건을 싸게 파는 소형 마트들이 인기가 많을 거라고 하더라.

1 다음은 고령화에 대한 내용입니다.

 다음으로 고령화 얘기를 해 보겠습니다. 전에는 30살이면 어른이라고 생각했는데 요즘은 30살도 어리다고 생각하는 분들이 많아졌습니다. 20년 전에 60살이면 할머니, 할아버지라고 생각했는데 요즘 60대 분들 보십시오. 할머니, 할아버지로 보이십니까? 다들 아주 젊으시죠. 그분들은 이제 노인이 아닙니다. 우리 사회의 고령화가 점점 더 진행될수록 우리가 생각하는 청년의 나이, 노년의 나이는 점점 많아져 2070년이 되면 한국에서는 60대가 중년의 자리를 차지하게 될 것이라고 합니다.

 사회에서 노인들이 차지하는 비중이 커지면 노인들의 취향이나 습관을 반영하는 실버산업은 계속 성장할 것입니다. 여러분, 카페에 많이 가시죠? 어디에 많이 가십니까? 그 카페들은 20년 후, 30년 후에 어떻게 될까요? 사라질까요? 여러분의 취향이 변하지 않는다면 아마 20년이 지나고 30년이 지나도 그 카페에 계속 가지 않을까요? 지금의 20~40대가 좋아하는 업종들은 시간이 지나도 계속 인기가 있을 거라고 생각해도 될 듯합니다.

(1) 무엇에 대해 이야기합니까?

(2) 이 글에서 중요한 단어나 문장이 무엇이라고 생각하는지 표시해 보세요.

(3) 위의 내용을 정리해서 대화해 보세요.

● 최근에 본 동영상에 대해 메모한 후 이야기해 보세요.

제목/주제	
중요한 단어	
주요 내용	

고령화 | 관련되다 | 사교육 | 유지하다 | 정리되다 | 반 | 1인 가구 | 대량 | 대형

실전 쓰기

설문조사

◉ 설문 조사 도표를 보고 내용을 정리해서 쓰기

1인 미디어 활동에 대한 설문 조사

조사 대상: 구독자 1,000명 이상의 크리에이터 450명

크리에이터 활동 기간

1인 미디어 활동 이유

■ 재미있는 취미 활동을 하고 싶어서
■ 돈을 벌고 싶어서
■ 앞으로의 전망이 밝아 보여서
■ 기타

　　구독자 1,000명 이상을 가진 크리에이터 450명을 대상으로 1인 미디어 활동에 대한 설문 조사를 실시하였다. 크리에이터 활동을 시작한 지 얼마나 되었냐는 질문에 1~2년 되었다는 응답이 35%로 가장 많았다. 다음으로 2~3년이라는 응답이 30%로 그 뒤를 이었다. 3~4년은 20%로 3위를 차지했다. 다음으로 1인 미디어 활동을 시작하게 된 이유가 무엇이냐는 질문에 '재미있는 취미 활동을 하고 싶어서'라는 응답이 40%로 가장 많았고 '돈을 벌고 싶어서'라는 응답이 25%로 그 뒤를 이었다. '앞으로의 전망이 밝아 보여서'라는 응답은 15%로 3위를 차지했다. 이상의 설문 조사 결과를 통해 최근 몇 년 사이에 재미있는 취미 생활을 위해 크리에이터 활동을 시작한 사람이 많다는 사실을 알 수 있었다.

◉ 문장 구성

구분		표현
화제		_____ 을/를 대상으로 _____ 에 대한 설문 조사를 실시하였다.
공통점	1위	조사 결과 _____ -냐는 질문에 _____ -다는 응답이 ____ %로 가장 많았다. -ㄴ/는다는 (이)라는
	2위	다음으로 _____ -다는 응답이 ____ %로 그 뒤를 이었다. -ㄴ/는다는 (이)라는
	3위	_____ 은/는 _____ %로 3위를 차지했다.
알게 된 점		이상의 설문 조사 결과를 통해 _____ -다는 사실을 알 수 있었다. -ㄴ/는다는 (이)라는

1 다음 자료를 보고 질문에 대한 답을 문장으로 써 보세요.

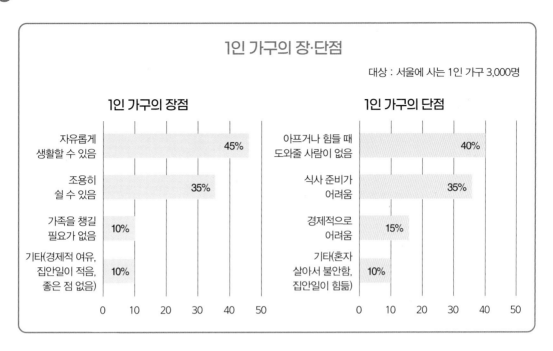

(1) 누구를 대상으로 무엇에 대한 설문 조사를 했습니까?

_____

_____

(2) 어떤 응답이 나왔습니까?

_____

_____

_____

(3) 위의 설문 조사를 통해 알게 된 점은 무엇입니까?

_____

_____

부록

정답

듣기 대본

색인

정답

1-1 저는 친구들에게 활발하다는 이야기를 많이 들어요

문법 1

- (1) 오늘 오후에 바람이 많이 분다는(불 거라는) 일기 예보를 봤어요.
- (2) 지난 방학에 빈 씨가 부산에 다녀왔다는 이야기를 들었어요.
- (3) 앞으로 열심히 수업을 들어야겠다는 생각이 들었어요.

문법 2

- (1) 흡연을 하면 건강에 나쁜 데다가 돈도 많이 들어요.
- (2) 따뜻한 차는 감기에 효과가 있는 데다가 피로도 풀어줘요.
- (3) 지난번에 지냈던 호텔은 시설이 낡은 데다 서비스도 엉망이었어요.

어휘와 표현

1. (1) 사교적   (2) 독창적   (3) 낙천적
   (4) 능동적   (5) 비관적

2. (1) ㉣   (2) ㉠   (3) ㉡
   (4) ㉤   (5) ㉢

듣고 말하기 1

1. (1) 마당발, 아는 사람이 많기 때문에
   (2) 낯을 가리는 데다가 과묵해서

듣고 말하기 2

1. (1) 빈: (모험가), 파티마: (TMI)
   (2) 빈: (활발하다),
       파티마: (친구들의 이야기를 잘 들어 준다.),
       카린: (매사에 성실하다.)
   (3) 잘하는 것과 가지고 싶은 직업에 대해

1-2 홍대 앞은 젊은 사람들이 즐길 만한 것들이 많아요

문법 1

- (1) 그 사람은 꼼꼼해서 일을 맡길 만해요.
- (2) 비빔밥은 많이 맵지 않고 영양도 풍부해서 한번 먹어 볼 만해요.
- (3) 우리 회사는 월급이 적지만 일이 힘들지 않아서 다닐 만해요.

문법 2

- (1) 이사를 하는 김에 필요 없는 물건을 정리해야겠어요.
- (2) 할인 쿠폰이 생긴 김에 화장품을 사러 갔어요.
- (3) 술을 끊는 김에 담배도 끊으면 좋겠어요.

어휘와 표현

1. (1) 길거리 공연   (2) 상징
   (3) 전시회   (4) 작품
   (5) 인디 밴드

2. (1) ㉡   (2) ㉣   (3) ㉠
   (4) ㉢   (5) ㉤

읽고 말하기 1

1. (1) 음악과 예술에 관심이 있는 사람이라면 누구나 참여 가능
   (2) 간단한 음료와 간식이 제공됩니다.
   (3) QR 코드를 통해서 공연 3일 전까지 온라인으로 예매해야 합니다.

읽고 말하기 2

1. (1) 영원한 미소를 보고 현대 미술관에서 전시회를 감상했습니다.

(2) 다양한 공연, 전시, 축제

(3) 가까이 감상할 수 있어서

(4) 저녁 시간 이후에 '홍대 걷고 싶은 거리'에서

1-3 한 단계 오르기

생각해 봅시다

1. (1) 서준 씨는 말이 별로 없는 걸 보니 ~~수다스러운~~ 사람인 것 같아요.   과묵한

(2) ~~사랑은 하트 모양(♥)을~~ 상징한다.
하트 모양(♥)은 사랑을

(5) 나는 어떤 일을 할 때 먼저 나서서 하는 성격인데 언니는 반대로 ~~적극적인~~ 편이다.
소극적

2. (1) 이 옷은 5년전에 샀지만 아직 ~~입을 만한다~~.
입을 만하다.

(2) 그 영화가 ~~재미없는다는~~ 말을 들었는데 정말이에요?
재미없다는

(4) 박서준 씨는 그림을 잘 그리는 데다가 ~~음치라서 노래를 못 한다~~.
노래도 잘한다.

(7) 감기에 ~~걸리는 김에~~ 오늘은 집에서 푹 쉬려고 한다.
걸린 김에

3. 예 홍대입구역에서 첸 씨를 만나서 홍대 안에 있는 미술관으로 갔다. 미술관에는 다양한 작가의 그림들이 전시되어 있어서 볼 만했다. 전시회를 보고 나서 첸 씨가 좋아하는 인디밴드의 공연을 보기 위해 홍대 앞 클럽으로 갔다. 가까이에서 밴드의 공연을 볼 수 있어서 좋았다. 집에 가는 길에 길거리 공연도 감상할 수 있었다.

어휘 늘리기

1. (1) 손이 크다   (2) 귀가 얇다

(3) 입이 무겁다   (4) 눈치가 빠르다

(5) 발등에 불이 떨어지다 (6) 눈이 높다

---

2. (1) 눈이 높아서   (2) 발등에 불이 떨어져야

(3) 손이 커서   (4) 눈치가 빨라서

(5) 귀가 얇아서   (6) 입이 무겁다는

2. (1) 배가 남산만 한 걸 보니까

(2) 간이 콩알만 한가 봐.

(3) 월급이 쥐꼬리만 해서

(4) 주먹만 하네.

실전 쓰기

1. (1) 예 같은 반 친구 두 명과 함께 서울의 명소를 구경하기 위해 서울 시티 버스에 탑승했다.

(2) 예 인사동이었다. 인사동의 날씨는 구름 한 점 없이 맑았다. 우리는 거리를 걸으면서 여러 기념품들을 구경할 수 있었다.

(3) 예 경복궁을 관람하는 것이었다. 경복궁 근처에는 한복을 빌려주는 가게가 있어서 한복을 입고 경복궁에 들어갔다. 날씨도 맑고 경복궁의 경치도 예뻐서 한복을 입고 찍은 사진마다 다 예쁘게 나왔다.

(4) 예 광장 시장에 들렀다. 광장 시장에서는 빈대떡, 육회 같은 다양한 한국 음식을 먹을 수 있었는데 가격이 저렴할 뿐만 아니라 정말 맛있었다.

(5) 예 서울의 여러 장소를 둘러볼 수 있어서 기억에 남는 하루였고 화창한 봄 날씨도 느낄 수 있어 좋았다. 또한 경복궁에서의 한복 체험을 통해 한국의 전통적인 건물과 한복의 아름다움도 알게 되었다.

직업

2-1 졸업하는 대로 취직을 한다든가 유학을 간다든가 할 거예요

문법 1

- (1) 아르바이트를 마치는 대로 친구를 만나러 갈 거예요.
  (2) 여권을 만드는 대로 비자를 신청할 거예요.
  (3) 이메일을 받는 대로 답장을 보내세요.

문법 2

- (1) 오후에 친구를 만난다든가 도서관에 간다든가 한다.
  (2) 기분이 안 좋으면 맛있는 음식을 먹는다든가 신나는 음악을 듣는다든가 한다.
  (3) 아프다든가 힘들다든가 할 때 부모님 생각이 많이 난다.

어휘와 표현

1. (1) 입사   (2) 진로   (3) 퇴사
   (4) 경력   (5) 이직

2. (1) ⑪   (2) ㉮   (3) ㉯
   (4) ㉣   (5) ㉰

듣고 말하기 1

1. (1)

나이	전공	취미
30세	경영학	글쓰기

(2) 취업을 하는 / 자신에게 맞는 일을 찾는

듣고 말하기 2

1. (1)

여자	남자
지금이라도 적성에 맞는 일을 찾아보라고 한다.	취업을 한 후에 생각해 보라고 한다.

(2) 20대에 용기를 가지고 도전할 걸 그랬다고 후회했다.
(3) 생활비가 부족해서 힘들어했다.
(4) 생활 속에서 얻은 아이디어를 메모한다든가 영상을 찍어 본다든가 했다.

2-2 선생님의 조언에 따라서 크리에이터가 되었으면 해요

문법 1

- (1) 선생님의 조언에 따라서 공부 방법을 바꿨다.
  (2) 나이와 성별에 따라 스트레스의 종류가 다르다.
  (3) 같은 음식이라도 요리 방법에 따라 맛이 달라진다.

문법 2

- (1) 선생님은 학생들이 숙제를 잘했으면 한다.
  (2) 나는 병원에 입원한 친구가 더 이상 아프지 않았으면 한다.
  (3) 그 사람이 사랑하는 사람이 나였으면 한다.

어휘와 표현

1. (1) 전문직   (2) 사무직   (3) 기술직
   (4) IT 업종   (5) 금융업

2. (1) ㉮   (2) ㉣   (3) ㉯
   (4) ⑪   (5) ㉰

읽고 말하기 1

1. (1)

1960 · 70년대	1980년대	1990년대
기술직, 대기업 사무직	은행원 (금융업)	웹디자이너, 개발자(IT 업종)

2000년대	2010년대
공무원, 전문직	앱 개발자, 정보 보안 전문가

(2) 경제가 안 좋아져서 안정적인 직업을 가졌으면 하는 사람들이 늘었다.

읽고 말하기 2

1. (1) 게임 대회에 참가하여 우승을 하는 것을 목표로 한다.

(2) 집중력과 판단력이 좋고 대인 관계가 좋은 사람

(3) 온라인에 사진이나 동영상을 올리는 사람

(4) 1인 크리에이터는 혼자서 모든 일을 하지만 기업형 크리에이터는 기획, 촬영, 편집 등을 도와주는 회사에서 활동한다.

2-3 한 단계 오르기

생각해 봅시다

1. (2) 금융업에 10년 동안 **도전했는데** 지난달에 일자리를 잃었습니다.   종사했는데

(4) 정년이 보장되는 직업을 가지고 싶어서 공무원 시험에 **적응하려코** 합니다.
   도전하려고

(5) 대학교에 가려고 했는데 경제 상황이 안 좋아서 공장에 **진로를** 하기로 결정했습니다.
   취업을

2. (1) 내일은 날씨가 좀 따뜻했으면 **하타**.
   한다

(3) 유학 시절의 경험을 **살라면** 유학생을 위한 앱을 만들었다.   살려서

(5) 밤에 잠이 안 오면 우유를 **마시타든가** 책을 **보타든가** 해 보세요.   마신다든가   본다든가

(7) 휴대폰은 기능에 따라서 일반 휴대폰과 **스마트폰을** 나뉜다.   스마트폰으로

3. 예 좋은 회사에서 인턴사원으로 일해 보고 싶다. 그런데 만약 원하는 회사에 바로 취직하지 못한다면 경험을 쌓을 수 있는 회사에서 인턴사원으로라도 일했으면 한다. 일을 많이 배울 수 있다든가 능력 있는 사람들을 많이 만날 수 있다든가 하는 곳이었으면 좋겠다.

어휘 늘리기

1. (1) 우물 안 개구리   (2) 하늘의 별 따기

(3) 천 리 길도 한 걸음부터

(4) 고생 끝에 낙이 온다   (5) 급할수록 돌아가라

2. (1) 천 리 길도 한 걸음부터라고

(2) 급할수록 돌아가라고

(3) 하늘의 별 따기야

(4) 고생 끝에 낙이 온다고

(5) 우물 안 개구리였어

CHAPTER 3

건강한 생활

3-1 너무 스트레스를 받은 나머지 잠을 못 잤어요

문법 1

- (1) 날마다 배달 음식을 시켜 먹은 나머지 건강이 나빠졌다.
  (2) 하루 종일 태블릿으로 수업을 들은 나머지 눈이 빨개졌다.
  (3) 바람이 많이 분 나머지 간판이 떨어졌다.

문법 2

- (1) 선생님이 아직 학교에 계실지도 모르니까 사무실에 가서 물어보세요.
  (2) 여행지에서 아플지도 모르니까 미리 약을 가지고 가세요.
  (3) 다른 사람이 들을지도 모르니까 조용히 이야기하세요.

어휘와 표현

1. (1) 수면　　(2) 우울증　　(3) 증상
   (4) 해소법　(5) 불면증

2. (1) ㉣　　　(2) ㉮　　　(3) ㉱
   (4) ㉯　　　(5) ㉰

듣고 말하기 1

1. (1) 일식집에서 아르바이트를 한다.
   (2) 너무 긴장한 나머지 실수할까 봐 걱정하고 있다.

듣고 말하기 2

1. (1) 스트레스의 증상과 해소법
   (2) ・식욕이 떨어진다.
   　　・잠을 설친다.
   (3) 대화, 음악 듣기, (커피 마시기), 산책

3-2 우유를 마시기만 하면 배탈이 나곤 해요

문법 1

- (1) 우리 아이는 할아버지를 보기만 하면 운다.
  (2) 룸메이트는 밥을 먹기만 하면 소파에 눕는다.
  (3) 새 신발을 신고 나가기만 하면 비가 온다.

문법 2

- (1) 휴일에 시간이 나면 등산을 하곤 한다.
  (2) 공부하다가 졸리면 커피를 마시곤 한다.
  (3) 어렸을 때 발표를 하면 얼굴이 빨개지곤 했다.

어휘와 표현

1. (1) 한의원　(2) 침　　　(3) 체질
   (4) 한약　　(5) 민간요법

2. (1) ㉯　　　(2) ㉰　　　(3) ㉱
   (4) ㉣　　　(5) ㉮

읽고 말하기 1

1. (2) '배추, 수박, 돼지고기, 오리고기' 같은 찬 성질의 음식을 먹는 것이 좋다.

읽고 말하기 2

1. (1) ・러시아 – 달걀, 꿀 그리고 우유와 버터를 섞어서 마신다.
   　　・한국 – 콩나물국을 끓여 먹는다.

(2) 침 치료를 받았다.

(3) 돼지고기를 피해야 한다.

3-3 한 단계 오르기

생각해 봅시다

1. (1) 독감에 걸리면 병원에 가서 ~~예방하는~~ 것이 좋다.
　　　　　　　　　　　　　치료하는

(2) 한의원에 가면 ~~체력~~에 따라 사람을 두 종류로 나
　　눈다. 　　　체질

(4) 룸메이트는 소리에 예민한 편이어서 잠을 푹 ~~잘~~
　　때가 많다. 　　　　　　　　　　　못 잘

2. (1) 여러 번 ~~도전한 나머지~~ 운전면허 시험에 합격했다.
　　　　　　도전한 후에

(3) 밤을 ~~새우기만 하면~~ 다음날 ~~피곤했다.~~
　　　　새우면 　　　　　　　피곤해요

(4) 많이 먹어도 살이 안 찌는 약이 만들어질지도
　　~~몰랐어요.~~
　　몰라요

(7) 어렸을 때 초콜릿을 너무 좋아한 나머지 매일 저
　　녁마다 먹곤 ~~해요.~~
　　　　　　했어요

3. 예 역시 안 좋은 일이 생겼다. 지갑을 잃어버린 것이
다. 길을 오가며 잃어버린 지갑을 찾느라 주위를 못
본 나머지 옆 사람과 부딪쳐 넘어졌다. 게다가 세게
넘어진 나머지 손에 피도 났다. 친구를 만나 오늘 숫
자 4 때문에 불안했는데 진짜로 안 좋은 일이 생겼다
고 했더니 친구가 징크스를 너무 믿지 말라고 했다.

어휘 늘리기

1. (1) 동문서답　　(2) 이실직고　　(3) 우문현답
　　(4) 횡설수설　　(5) 호언장담　　(6) 단도직입

2. (1) 횡설수설　　(2) 이실직고　　(3) 동문서답
　　(4) 단도직입　　(5) 호언장담　　(6) 우문현답

실전 쓰기

1. (1) 예 건강한 삶을 살 수 있게 도와주는 학문으로 한
의학과 서양 의학을 들 수 있다.

(2) 예 한의학과 서양 의학은 모두 사람의 병을 치료
해 주는 학문이라고 할 수 있다. 두 학문은 모두
오랫동안 전문적으로 공부해야 한다는 공통점이
있다. 그런데 한의학은 병의 예방에 관심이 많지
만 서양 의학은 예방보다 치료에 더 집중한다는
점이 다르다. 한의학은 체질에 따라 치료법이 다
른 데에 비해 서양 의학은 증상이 같으면 치료법
이 같다.

(3) 예 이처럼 한의학과 서양 의학은 사람의 병을 치
료해 주는 학문이라는 점은 같지만 관심 분야와
치료의 특징에서는 차이가 난다.

CHAPTER 4

소통과 배려

4-1 두 사람 사이가 얼마나 나쁜지 서로 말도 안 해요

문법 1

- (1) 책이 재미없어서 읽는 둥 마는 둥 했다.
  (2) 지각할 것 같아서 신발을 신는 둥 마는 둥 하고 밖으로 나갔다.
  (3) 시간이 없어서 친구들에게 인사하는 둥 마는 둥 하고 아르바이트를 하러 갔다.

문법 2

- (1) 이 노래는 멜로디가 얼마나 좋은지 몰라요.
  (2) 집 밖이 얼마나 시끄러운지 밤에 제대로 잘 수 없어요.
  (3) 두 사람이 얼마나 닮았는지 자매 같아요.

어휘와 표현

1. (1) 비난　　(2) 공격　　(3) 충격
   (4) 상처　　(5) 분노

2. (1) ㉮　　(2) ㉳　　(3) ㉱
   (4) ㉲　　(5) ㉯

듣고 말하기 1

1. (1) (10초도) 볼 가치가 없는 영상이라는 댓글 때문에 기분이 나빴다.
   (2) 친한 친구에게 상처를 받은 적이 있다.

듣고 말하기 2

1. (1) 지난번에 올린 영상에 달렸던 악플 때문에 마음이 많이 힘들어서

(2) ① 왜 점수가 그것밖에 안 되냐는 말
    ② 지금까지 나한테 뭘 해 줬냐는 말
(3) 충격이 너무 커서 우울해지고 상대에게 분노한 적도 있었다.

4-2 옆집 사람들이 밤늦도록 떠들어 대서 힘들어요

문법 1

- (1) 출발 시간이 다 되도록 친구가 안 온다.
  (2) 하루 종일 다리가 붓도록 서 있었다.
  (3) 밥 잘 챙겨 먹으라는 소리를 귀에 못이 박히도록 들었다.

문법 2

- (1) 아기가 울어 대서 제대로 못 잤다.
  (2) 강아지가 짖어 대서 시끄럽다.
  (3) 콘서트에서 소리를 질러 대서 목이 쉬었다.

어휘와 표현

1. (1) 원인　　(2) 항의　　(3) 대응
   (4) 층간 소음　　(5) 갈등

2. (1) ㉱　　(2) ㉮　　(3) ㉲
   (4) ㉯　　(5) ㉯

읽고 말하기 1

1. (1) 예 • 규칙적인 소음: 매일 밤 9시에 청소기를 돌리는 소리, 식사 시간마다 의자를 끄는 소리…
   • 불규칙적인 소음: 아이들이 뛰는 소리, 강아지가 짖는 소리…

읽고 말하기 2

1. (1) 아이들이 뛰는 소리, 쿵쿵대는 발걸음 소리, 화장실 물소리, 가구 끄는 소리, 반려동물이 내는 소리 등
   (2) 아래층의 지나친 항의 때문에

(3) ① 매트를 깔아 둔다.
② 방문 등을 쾅쾅 닫지 않도록
③ 집을 비울 때는 다른 곳에 맡기는 것이 좋다.

4-3 한 단계 오르기

생각해 봅시다

1. (1) 단독 주택 위주의 생활에서 공동 주택으로 주거 환경이 ~~일반화했다.~~
  일반화되었다
  (4) SNS에서 악성 댓글을 다는 것이 사회 문제로 ~~오르고 있다.~~
  떠오르고 있다
  (5) 상처를 받았을 때 친구에게 마음을 ~~털어놓지 말고 숨기고~~ 이야기하는 것이 좋다.
  숨기지 말고 털어놓고

2. (1) 어젯밤에 너무 더워서 잠을 ~~잔 둥~~ 마는 둥 했다.
  자는 둥
  (2) 카린 씨가 숙제를 자주 ~~가르쳐 대서~~ 너무 고마워요.
  가르쳐 줘서
  (4) 어제 콘서트에 가서 ~~소리를 지르도록 목이 터졌어요.~~
  목이 터지도록 소리를 질렀어요
  (7) 문제가 있을 때 혼자 고민할 게 아니라 친구에게 ~~이야기했어요.~~
  이야기하세요

3. 예 특별한 이유 없이 재미로/ 자신의 스트레스를 풀기 위해서

어휘 늘리기

1. (1) 우유부단　(2) 일석이조　(3) 역지사지
  (4) 과유불급　(5) 비일비재　(6) 인지상정

2. (1) 우유부단　(2) 비일비재　(3) 역지사지
  (4) 인지상정　(5) 일석이조　(6) 과유불급

실전 쓰기

1. (1) 예 최근 수업 시간에 스마트폰을 사용하는 학생이 증가하고 있다.
  (2) 예 수업 시간에 스마트폰을 사용하는 것은 수업 분위기에 부정적인 영향을 준다는 점에서 문제가 되고 있다.
  (3) 예 연구 결과에 따르면 학교에서 스마트폰만 보고 있는 학생들이 늘어나 소통의 기회가 적어지고 자유로운 스마트폰 사용은 다른 학생에게 방해가 되는 경우도 있다고 한다.
  (4) 예 그러므로 수업에 집중하고 다른 학생에게 방해가 되지 않도록 수업 시간에 스마트폰 사용을 금지해야 한다.

5-1 지구 온난화가 심해진 탓에 기후 변화가 나타나고 있어요

문법 1

- (1) 실내가 건조한 탓에 목이 아프다.
  (2) 창문을 열어 놓은 탓에 모기가 들어왔다.
  (3) 더운 날씨 탓에 밤에 잠을 못 자는 사람이 많다.

문법 2

- (1) 스마트폰이 고장 나서 화면조차 안 나오는 상태이다.
  (2) 점심시간에는 가게에 손님이 너무 많아서 화장실 갈 시간조차 없다.
  (3) 첸 씨와 같은 반이지만 기회가 없어서 아직 인사조차 못 해 봤다.

어휘와 표현

1. (1) ⓑ   (2) ㉮   (3) ⓜ
   (4) ⓑ   (5) ⓓ   (6) ㉰

2. (1) ㉰   (2) ㉮   (3) ⓓ
   (4) ⓜ   (5) ⓑ

듣고 말하기 1

1. (1) 지하철을 타고 집에 돌아갔다.
   (2) 지하철역까지 물이 들어오고 도로에는 무릎까지 물이 차서 사람들이 길에 차를 버려두고 갔다.
   (3) 이상 기후 탓에 상상조차 하기 싫은 일들이 미래에 벌어질 것을 걱정하고 있다.

듣고 말하기 2

1. (1) 지구의 온도가 1도씩 오를 때마다 어떤 일이 생길지를 구체적으로 설명한 책
   (2) 세계의 식량 생산에 어려움이 생김 / 섬과 해안가 도시들이 물에 잠김 / 지구의 생태계가 완전히 파괴되고
   (3) 이상 기후, 피해, 막을

5-2 일회용품을 계속 사용하다가는 환경 오염이 심해질 게 뻔해요

문법 1

- (1) 그렇게 생각 없이 놀다가는 나중에 후회할 거예요.
  (2) 매일 늦게 자다가는 피부가 나빠질 거예요.
  (3) 계속 고민만 하다가는 좋은 기회를 다 놓칠 거예요.

문법 2

- (1) 그 식당은 인기가 많아서 예약을 안 하면 못 들어갈 게 뻔하다.
  (2) 친구도 안 만나고 집에만 있으면 부모님이 걱정하실 게 뻔하다.
  (3) 민아 씨는 집에서 요리를 안 하니까 어제도 배달 음식을 먹었을 게 뻔하다.

어휘와 표현

1. (1) 재활용   (2) 대기 오염   (3) 일회용품
   (4) 수질 오염   (5) 친환경

2. (1) ⓜ   (2) ⓑ   (3) ㉰
   (4) ⓓ   (5) ㉮

읽고 말하기 1

1. (1) 올바른 분리배출 방법
   (2) 라벨을 제거한 후 깨끗이 씻고 뚜껑을 닫아서 배출

1. (1) 쓰레기가 늘어나서 쓰레기 버릴 곳이 없어질 것을 걱정하고 있다.

(2)

일회용품 쓰레기를 줄이는 방법

• 편의점에 갈 때 장바구니를 챙겨 간다.

재활용품 쓰레기를 버리는 방법

• 양념이나 기름이 묻은 포장지나 플라스틱은 깨끗이 씻어서 버리거나 일반 쓰레기로 버린다.

---

(3) 소비자들이 쉽게 분리배출할 수 있도록 제품의 포장 방법을 바꾼다.

5-3 한 단계 오르기

생각해 봅시다

1. (1) 이렇게 비가 계속 안 오다가는 ~~홍수가~~ 날지도 몰라요.　　　　　　　산불이

(3) 우리가 일회용품을 덜 사용하면 쓰레기를 ~~멸종시~~ ~~킬~~ 수 있습니다.　　　　　줄일

(5) 재활용 쓰레기는 주말에만 ~~모집하므로~~ 정해진 날짜에 버려 주십시오.　　　수거하므로

2. (2) 친구가 도와준 ~~탓에~~ 이사를 쉽게 할 수 있었다.
　　　　　　덕분에

(3) 룸메이트가 전화를 안 받는 걸 보니 ~~잤을~~ 게 뻔해요.
　　　　　　　　　자고 있을 / 잘

(4) 그렇게 공부를 열심히 ~~하타카는~~ 장학금을 받을
거예요.　　　　안 하다가는　　　못 받을

(5) ~~이상 기후로 인해~~ 세계 곳곳에서 ~~지구 온난화~~
지구 온난화로 인해　　　　　이상 기후
현상이 나타나고 있다.

3. 예 쓰레기가 늘어나다가는 쓰레기로 인해 수질 오염과 토양 오염이 심해져서 지구에서 풀조차 자랄 수 없게 될지도 모릅니다. 그러므로 더 늦기 전에 쓰레기를 줄이기 위해 플라스틱 컵 대신에 텀블러를 사용한다든가 비닐 봉투 대신 장바구니를 사용한다든가 하는 노력이 필요합니다.

1. (1) 손이 부족하다　　　(2) 눈을 돌리다
(3) 골머리를 앓다　　　(4) 입을 모으다
(5) 코앞에 닥치다

2. (1) 골머리를 앓고 있대요
(2) 손이 부족하다고
(3) 입을 모아서
(4) 코앞에 닥친 (것 같은)
(5) 눈을 돌리는

1. (1) 예 최근 대구의 여름 기온이 꾸준히 상승하고 있다고 한다. 대구의 여름 기온이 상승하면서 대구는 아프리카만큼 덥다는 의미로 '대프리카'라고도 불리고 있다.

(2) 예 이러한 대구의 여름 기온 상승의 원인은 다음과 같다. 첫째, 산으로 둘러싸여 바람이 잘 통하지 않는 대구의 지형적 특성을 들 수 있다. 둘째, 고층 빌딩과 자동차 수의 증가도 대구의 여름 기온 상승에 영향을 미치고 있다.

(3) 예 이러한 원인으로 인해 온실가스의 배출을 줄이지 않는다면 대구의 여름 기온은 계속해서 상승할 전망이다.

CHAPTER 6

정보화 사회

6-1 일을 하면서 아이를 셋이나 키우다니, 대단해요

문법 1

- (1) 피곤해서 옆 사람 어깨에 기댄 채로 잠이 들었다.
  (2) 정신이 없어서 지갑을 주머니에 넣은 채로 바지를 세탁기에 돌렸다.
  (3) 밤에 많이 울어서 다음날 눈이 부은 채로 출근했다.

문법 2

- (1) 제일 좋아하는 아이돌을 직접 만나다니, 꿈만 같다.
  (2) 그렇게 어려운 문제를 10분 만에 풀다니, 정말 똑똑해요.
  (3) 아직 화요일이라니! 주말이 되려면 4일이나 남았다.

어휘와 표현

1. (1) 수도권　(2) 의료　(3) 출산율
   (4) 저출산　(5) 인구

2. (1) ⑩　(2) ⑭　(3) ⑭
   (4) ㉑　(5) ㉓

듣고 말하기 1

1. (1) 저출산 현상
   (2) 인구가 심각하게 줄어서 대한민국이 사라질지도 모른다.

듣고 말하기 2

1. (1) 아이를 낳기 싫어하는 이유
   (2)

순위	내용
1위	나를 위한 삶을 살고 싶어서
2위	아이를 키우려면 돈이 많이 필요하기 때문에
3위	아이를 키우면서 일을 하기가 어려워서

(3) 가. 좋은 학교, 큰 병원, 다양한 문화 시설
    나. 좋은 일자리

6-2 사실이 아닌데도 사실인 것처럼 이야기해요

문법 1

- (1) 여자 친구를 매일 학교에서 보는데도 또 보고 싶다.
  (2) 돈을 열심히 버는데도 모이지 않는다.
  (3) 음식이 매운데도 자꾸 먹게 된다.

문법 2

- (1) 연락이 안 되는 걸 보니 문제가 생긴 듯하다.
  (2) 바람이 많이 부는 걸 보니 내일 태풍이 올 듯하다.
  (3) 빈 씨가 친구들한테 선물을 받는 걸 보니 오늘이 생일인 듯하다.

어휘와 표현

1. (1) 콘텐츠　(2) 네티즌　(3) 미디어
   (4) 실시간　(5) SNS

2. (1) ㉮　(2) ㉑　(3) ⑩
   (4) ⑭　(5) ⑭

읽고 말하기 1

1. (1) 콘텐츠 제작에 관심있는 대한민국 거주 외국인
   (2) 8월 31일까지 참가신청서를 써서 이메일로 보내야 한다.

읽고 말하기 2

1. (1) 개인이 글이나 사진, 영상 등을 인터넷에서 사람들과 공유하는 모든 형태의 서비스

(2)

장점
– 신속하게 소식을 전달할 수 있다.
– 실시간 댓글로 사람들의 의견을 들을 수 있다.

단점
– 거짓 소문을 만들어 내기도 한다.
– 어린이들에게 나쁜 영향을 미칠 수 있다.

(3) 지나치게 자극적인 제목이나 사람들을 불쾌하게 하는 콘텐츠는 멀리하고 평소에 어떤 뉴스를 접할 때 그 뉴스가 사실인지 거짓인지 살펴보는 자세를 갖는 것이 좋다.

6-3 한 단계 오르기

생각해 봅시다

1. (2) 저는 성격이 ~~신속해서~~ 일을 천천히 하는 사람을 보면 답답합니다. 급해서

(3) 좋은 정보가 있으면 혼자만 ~~공유하지~~ 말고 다른 사람에게도 알려 주세요. 알고 있지

(4) 저는 맵고 짠 음식보다 맛이 강하지 않은 ~~자극적인~~ 음식을 좋아해요. 싱거운/담백한

2. (1) 피곤해서 책상에 ~~엎드리는~~ 채로 잠이 들었어요. 엎드린

(3) 친구가 화장실에 자주 가는 걸 보니 배가 아픈 ~~듯한다~~. 듯하다

(4) 수업 시간에 여러 번 ~~들은데도~~ 이해가 되지 않는 문법이 있습니다. 들었는데도

(7) 조사 결과 '돈이 없어서'라는 ~~응답을 2위카~~ 차지했다. 응답이 2위를

3. 예 책상에 엎드린 채로 잠이 들었다. 깜짝 놀라 일어나 보니 11시였다. 알람을 맞춰 놓았는데도 일어나지 못했다. 11시까지 잠을 자다니! 너무 놀라서 세수도 안 한 채로 학교로 달려갔다. 학교에서 나오는 학생들을 보니 시험은 이미 끝난 듯했다. 시험공부를 하다가 시험을 못 보다니, 이런 내가 너무 한심했다.

어휘 늘리기

1. (1) 뿌린 대로 거둔다
(2) 가는 말이 고와야 오는 말이 곱다
(3) 아니 땐 굴뚝에 연기 날까
(4) 입에 쓴 약이 병에는 좋다
(5) 소 잃고 외양간 고치기

2. (1) 뿌린 대로 거둔다
(2) 소 잃고 외양간 고치기
(3) 가는 말이 고와야 오는 말이 곱다
(4) 아니 땐 굴뚝에 연기 날까
(5) 입에 쓴 약이 병에는 좋다

실전 말하기

1. (1) 엠마: 고 령 화

파티마: 실 버 산 업

(3) 엠마: 고령화가 점점 더 진행될수록 우리가 생각하는 청년의 나이, 노년의 나이는 점점 많아질 것이다.

파티마: 사회에서 노인들이 차지하는 비중이 커지면 실버산업은 계속 성장할 것이다.

실전 쓰기

1. (1) 예 서울에 사는 1인 가구 3,000명을 대상으로 1인 가구의 장·단점에 대한 설문 조사를 실시하였다.

(2) 예 조사 결과 1인 가구의 장점이 무엇이냐는 질문에 자유롭게 생활할 수 있다는 응답이 45%로 가장 많았다. 다음으로 조용히 쉴 수 있다는 응답이 35%로 그 뒤를 이었다. 가족을 챙길 필요가 없다는 응답은 10%로 3위를 차지했다.
1인 가구의 단점이 무엇이냐는 질문에 아프거나 힘들 때 도와줄 사람이 없다는 응답이 40%로 가장 많았다. 다음으로 식사 준비가 어렵다는 응답이 35%로 그 뒤를 이었다. 경제적으로 어렵다는 응답은 15%로 3위를 차지했다.

(3) 예 이상의 설문 조사 결과를 통해 1인 가구는 자유롭게 생활할 수 있다는 점은 좋지만 아프거나 힘들 때 도와줄 사람이 없다는 단점이 있다는 사실을 알 수 있었다.

1-1 저는 친구들에게 활발하다는 이야기를 많이 들어요

듣고 말하기 1

선생님 오늘은 4급 첫 수업을 하는 날이에요. 서로 아는 친구들도 있고 모르는 친구들도 있을 텐데요. 간단하게 자기소개 하는 시간을 가지도록 하겠습니다.

첸 안녕하세요? 저는 첸이라고 하고 예비 대학생입니다. 저는 활발한 데다가 사교적인 성격으로 아는 사람이 많기 때문에 마당발이라는 말을 자주 듣습니다. 친구들과 노래방에 자주 가는데 노래를 잘 못 불러서 친구들이 음치라고 놀려요. 하하, 앞으로 잘 부탁드립니다.

엠마 여러분, 만나서 반갑습니다. 저는 미국에서 온 엠마라고 합니다. 요리사로 일하고 있고 다른 나라 요리 레시피를 찾아서 해 보는 것이 취미입니다. 친구들에게도 다양한 요리를 자주 해 주기 때문에 친구들 사이에서 M셰프라고 불립니다. 저는 낯을 가리는 데다가 과묵해서 처음에는 친해지기 힘들다는 소리를 듣지만 친해지면 수다스러워집니다.

선생님 소개 잘 들었습니다. 그럼 다른 친구들도 간단히 자기소개를 해 볼까요?

듣고 말하기 2

선생님 여러분의 소개 잘 들었습니다. 그럼 이제 자신의 장점과 단점을 이야기해 보는 시간을 갖도록 하겠습니다. 누구나 장점이 있다면 단점도 있을 텐데요. 이런 이야기를 나누면 서로를 더 잘 이해할 수 있을 것 같아요. 먼저 빈 씨가 발표해 볼까요?

빈 저의 장점은 활발한 데다가 낯을 가리지 않아서

처음 보는 사람들과도 금방 친해질 수 있다는 것입니다. 저는 현재 인터넷 방송에서 크리에이터로 활동하고 있는데 모험을 즐기는 성격이고 새로운 것을 좋아해서 구독자들에게 모험가라는 소리를 듣고 있습니다. 그런데 늘 새로운 걸 찾다 보니 한 가지 일을 꾸준히 하지 못하고 쉽게 질린다는 것이 저의 단점인 것 같습니다.

선생님 잘 들었습니다. 장점이 단점이 될 수도 있겠군요. 다음은 파티마 씨 차례입니다.

파티마 친구들이 이야기하는 저의 장점은 친구들의 이야기를 잘 들어 준다는 점입니다. 또 저는 여러 정보를 찾는 걸 좋아하고 친구들에게 설명해 주는 걸 좋아해서 TMI라고 불리기도 합니다. 하하하. 저는 친구들에게 조언해 주는 것을 좋아하는데 제가 이야기한 대로 하면 문제가 잘 풀린다고 합니다.

선생님 그렇군요. 그럼 마지막으로 카린 씨가 이야기해 볼까요?

카린 사람들이 말하는 저의 장점은 매사에 성실하다는 것입니다. 또 저는 종종 친구들과 댄스 공연을 하는데요. 리듬감이 좋은 편이라서 노래를 듣고 춤으로 잘 표현하기 때문에 저만의 독창적인 춤을 만든 적도 있습니다. 이런 점이 저의 장점이라고 할 수 있지만 사람들과 대화할 때는 소극적인 편이라서 새로운 친구를 사귀는 데 시간이 걸린다는 것이 저의 단점이라는 생각이 듭니다.

선생님 네, 여러분의 발표 잘 들었습니다. 다음 시간에는 여러분이 잘하는 것이 무엇이고 가지고 싶은 직업이 무엇인지 좀 더 자세히 알아보는 시간을 가지도록 하겠습니다.

CHAPTER **2**

직업

2-1 졸업하는 대로 취직을 한다든가 유학을 간다든가 할 거예요

듣고 말하기 1

남자 안녕하세요. 저는 30살 대학교 4학년 학생입니다.

친구들보다 졸업이 늦어서 대학교를 졸업하는 대로 취업을 해야 할 것 같은데요. 사실 마음속으로는 계속 고민 중입니다. 전공을 살려서 취업을 해야 할지 적성에 맞는 일을 찾아야 할지 아직 잘 모르겠습니다. 제 전공은 경영학인데 사실 저는 소설이라든가 영화라든가 하는 것에 관심이 많거든요. 평소에 글쓰기를 좋아하기도 하고요. 경영학과 출신이기 때문에 전공을 살리면 취업이 잘 될 것 같기는 한데 회사 생활에 잘 적응할 수 있을지 고민입니다. 글쓰기는 취미로 하라는 말을 많이 듣는데 우선 취업을 하는 게 좋을까요? 아니면 시간이 걸려도 저에게 맞는 일을 찾아봐야 할까요?

듣고 말하기 2

사회자 청년들의 고민 상담을 들어 보는 〈말해 줘! 솔루션〉 시간입니다. 진로 상담가 김솔 선생님과 젊은이들의 멘토로 활동 중인 크리에이터 칸 님, 두 분을 모시고 이야기 나눠 보겠습니다. 졸업하고 바로 취업을 할지 시간이 걸려도 적성에 맞는 일을 찾아볼지 고민이라는 사연 들어 봤는데요. 먼저 김 선생님, 어떻게 생각하십니까?

김솔 많은 20대 청년들이 졸업을 앞두고 적성과 진로에 대한 고민을 많이 하는데요. 이제 와서 전공을 버리고 새로운 일에 도전하기에는 너무 늦지 않았나, 전공을 살려 취업을 하는 것이 현실적으로 맞지 않나 하면서 고민을 합니다. 그런데 말이죠. 제가 만난 많은 30대 사회인들이 그때 용기를 가지고 도전할 걸 그랬다는 후회를 하고 30대의 나이에 새로운 일을 시작하는 걸 많이 봤습니다. 사실 30대가 되고 나서 되돌아보면 20대는 너무 젊은 나이거든요. 지금이라도 적성에 맞는 일을 찾아보는 걸 추천하겠습니다.

사회자 20대는 아직 젊으니 도전해도 된다는 말씀이시죠? 칸 님은 어떻게 생각하시나요?

칸 저는 생각이 좀 다릅니다. 학교 다닐 때 사연자님처럼 진로에 대해 고민하던 친구들이 있었는데요. 그 친구들은 취업을 하지 않고 자신에게 맞는 일을 찾아보려고 했어요. 그런데 돈을 벌지는 않고 쓰기만 하니까 생활비가 부족해져서 자신감도 떨어지고 힘들어했어요. 나중에는 결국 취업을 알아보더라고요.

사회자 경제적 여유가 없는 상태에서 꿈을 위해 도전하는

것은 힘든 일이군요. 칸 님은 어떻게 하셨습니까?

칸 저도 같은 고민을 하긴 했는데 우선 취업을 했습니다. 하지만 언젠가는 크리에이터가 되겠다고 꿈꾸면서 생활 속에서 얻은 아이디어를 메모해 놓는다든가 혼자 영상을 찍어 본다든가 했어요. 직장 생활을 통해 생각보다 여러 사람들을 접하면서 배우는 것도 많았어요. 그러다 어느 정도 돈을 모은 후 퇴사를 하고 크리에이터에 도전했습니다. 급할수록 돌아가라고, 사연자님도 너무 조급하게 생각하지 말고 우선 취업을 한 후에 여러 경험을 하면서 아이디어도 얻고 돈도 모으면서 생각해 보는 건 어떨까요?

사회자 사회 경험을 쌓은 후에 도전하는 것도 좋다는 말씀 잘 들었습니다. 광고 듣고 다시 오겠습니다.

CHAPTER 3

건강한 생활

3-1 너무 스트레스를 받은 나머지 잠을 못 잤어요

듣고 말하기 1

빈 카린 씨, 새로 시작한 일식집 아르바이트는 할 만해요? 오늘도 수업이 끝나는 대로 아르바이트를 하러 갈 거예요?

카린 네, 바로 가려고요. 그런데 아직 적응하는 중이라 사실은 조금 힘들어요. 오늘은 실수 없이 잘해야 할 텐데 걱정이에요. 어제도 너무 긴장한 나머지 주문을 잘못 받았거든요. 손님 질문에 동문서답하기도 했고요.

빈 걱정하지 마세요. 처음에는 누구나 실수를 하잖아요. 혹시 실수를 하게 돼도 자신감을 잃지 마세요.

카린 고마워요. 조금 더 자신감을 가지고 일해 볼게요.

듣고 말하기 2

사회자 현대인을 위한 '힐링 토크', 이번에는 '스트레스의 증상과 해소법'에 대해 이야기 나눌 시간인데요.

토크를 위해 오늘의 두 번째 초대 손님인 '마음 연구소' 이은영 소장님을 모시겠습니다.

이은영 반갑습니다. 이은영입니다. 스트레스 해소법에 대해 이야기한다고 해서 걱정거리가 많은 분들이 오실 줄 알았는데 표정이 밝으시네요. 그래도 속으로는 스트레스 한두 가지씩 가지고 계시죠?

사회자 그럼요. 스트레스 없는 현대인은 없죠. 시간은 없는데 할 일이 많다든가 수면 시간이 부족하다든가 하면 스트레스가 쌓이잖아요. '마음 연구소'에서 이런 분들을 돕고 있다고 들었는데 구체적으로 어떤 일을 하고 계신가요?

이은영 스트레스를 지나치게 받은 나머지 불면증이나 우울증을 앓는 분들을 상담해 드리고, 상담 사례를 모아 책을 출판하고 있습니다. 사람들의 마음을 편안하게 해 줄 방법도 연구하고요.

사회자 그렇군요. 소장님, 저는 옆에 대화할 사람이 없으면 우울해지고 스트레스가 쌓이는 기분인데요. 집에 하루 종일 혼자 있는 날에는 식욕도 떨어지고 잠을 설치기도 해요.

이은영 그렇게 밥도 잘 못 먹고 잠도 제대로 못 자면 신경이 예민해져서 짜증이 나고 우울해지기 쉬운데요. 이런 증상이 계속되면 건강을 해치게 될지도 모릅니다. 사회자님은 자기만의 스트레스 해소법을 가지고 계신가요?

사회자 토크 콘서트에서 여러 분들을 만나 이야기 나누는 것이 제게는 최고의 스트레스 해소법이죠.

이은영 아주 좋은 방법이네요. 저희 연구소에서 조사한 결과 '대화'가 스트레스를 푸는 데 가장 효과적이라고 나왔거든요. 그 외에 음악 듣기, 커피 마시기, 산책도 스트레스 해소에 도움이 된다고 나왔으니까 잘 기억해 두시면 좋겠네요. 그리고 아무 생각 없이 멍하니 불을 보는 '불멍'과 물을 보는 '물멍'이 유행하고 있는데요. 무엇인가에 신경 쓰던 것을 내려놓고 마음을 비우는 것도 스트레스를 없애는 좋은 방법이라고 할 수 있어요.

사회자 이야기를 나누다 보니 여기 오신 분들은 어떻게 스트레스를 풀고 계시는지 궁금해지는데요. 나만의 스트레스 해소법에 대해 이야기해 주실 분 손들어 주시겠어요?

CHAPTER 4

소통과 배려

4-1 두 사람 사이가 얼마나 나쁜지 서로 말도 안 해요

듣고 말하기 1

엠마 빈 씨, 오늘 기분이 좀 안 좋아 보이네요. 무슨 일이 있어요?

빈 제가 틈틈이 찍어 올린 한국 유학 생활에 대한 영상에 어떤 사람이 기분 나쁜 말을 써 놨더라고요.

엠마 어떤 댓글이 달렸는데 그렇게 화가 난 거예요?

빈 글쎄 제 동영상을 보는 건 시간 낭비라고 하면서 10초도 볼 가치가 없는 영상이라는 댓글을 썼지 뭐예요. 어찌나 기분이 나쁜지 밤새 신경이 쓰여서 잠도 자는 둥 마는 둥 했어요.

엠마 아이고, 그런 악플은 계속 신경 쓰고 있을 게 아니라 그냥 잊어버리세요. 저도 얼마 전에 친한 친구에게 상처가 되는 말을 들었는데요. 상대방을 배려하지 않고 말하면 기분 나쁠 수 있다는 걸 왜 모를까요?

빈 그러게 말이에요. 어제는 잠도 안 오고 힘들었는데 다시 생각해 보니 그런 말 때문에 상처를 받는다면 저만 손해인 것 같아요. 악플은 마음에 담아 두지 말아야겠어요.

듣고 말하기 2

빈 여러분, 제가 며칠 동안 영상을 안 올려서 많이 기다리셨죠? 다시 돌아온 빈, 인사 드립니다. 사실 지난번에 제가 올린 맛집 탐방 영상에 달렸던 악플 때문에 마음이 많이 힘들었어요. 제가 이런 일을 겪고 보니 사람이 어떤 말을 들었을 때 상처를 받게 되는지 알고 싶어지더라고요. 그래서 오늘은 다양한 연령대의 사람들에게 어떤 말을 들었을 때 상처가 되었는지 물어봤습니다.

여자(15세) 중학교 기말고사가 끝나고 결과가 나왔을 때 엄마가 "왜 점수가 그것밖에 안 되냐?"라고 하셔서 상처를 받았습니다.

남자(21세)	대학교 친구에게 "너는 잘 웃지 않고 차가워 보여서 말을 걸기가 힘들어."라는 말을 듣고 인간관계에 더 자신이 없어졌어요
여자(43세)	친구들을 오랜만에 만났을 때 "요즘 살 많이 쪘네."라는 말을 들었는데 그때부터 거울을 보면 우울해지고 자꾸 그 말이 생각나서 힘들어요.
할아버지(70세)	얼마 전 집사람에게 지금까지 나한테 뭘 해 줬냐는 말을 들었는데 내 인생이 어찌나 허무하게 느껴지던지….
빈	이분들의 말을 들으니 어떠신가요? 여러분도 공감되시나요? 우리는 누군가가 나를 비난하고 공격하는 말을 듣게 되면 마음이 아파집니다. 그 상처의 말을 가까운 가족이나 친구, 직장 동료에게 들었거나, 아니면 잘 모르는 사람에게 들었어도 내 마음이 괴롭기는 마찬가지겠지요. 저는 상처가 되는 말을 들었을 때 충격이 얼마나 컸는지 우울해지고 상대에게 분노한 적도 있었어요. 그럴 때는 그냥 그런 말을 한 사람을 피하고 싶지만 가족이나 학교 친구, 직장 동료인 경우에는 그렇게 할 수도 없겠지요. 또 그 사람을 보지 않는다고 해도 한번 들은 상처의 말은 쉽게 잊을 수 없을 것입니다. 그럼 누군가의 말로 상처를 받았을 때 우리는 어떻게 반응하는 게 좋을까요? 다음 영상에서는 상처의 말을 들었을 때 잘 극복할 수 있는 구체적인 방법에 대해 다뤄 보도록 하겠습니다. 구독, 좋아요, 눌러 주세요!

CHAPTER 5

환경

5-1 지구 온난화가 심해진 탓에 기후 변화가 나타나고 있어요

듣고 말하기 1

남자	어제 비가 진짜 많이 왔던데 너희 동네에는 별일 없었어?
여자	별일 없기는. 어제 지하철을 타고 집에 돌아갔는데 지하철역까지 물이 들어와서 사람들이 대피하느라고 아주 난리였어. 역 밖으로 나와보니 도로에는 무릎까지 물이 차서 차를 길에 버려 두고 집에 가는 사람들도 있더라고.
남자	거기가 너희 동네였어? 나도 어제 뉴스에서 봤는데 무슨 영화에 나오는 한 장면 같더라고.
여자	정말 그래. 예전에는 이런 일이 미래를 배경으로 하는 재난 영화에서나 나오는 일이라고 생각했는데 갈수록 심각해지는 지구 온난화로 인해 이제는 코앞에 닥친 현실이 되어 버린 것 같아.
남자	아, 우리 인류와 지구의 미래는 어떻게 될까? 이상 기후 때문에 상상조차 하기 싫은 일들이 미래에 일어나면 어떡하지?

듣고 말하기 2

진우	여러분은 지구의 평균 기온이 1도씩 상승할 때마다 어떤 일이 생길지 상상해 본 적이 있으신가요? 제가 오늘 소개할 책은 『6도의 멸종』이라는 책입니다. 이 책에서는 이산화탄소와 같은 온실가스로 인해 지구의 온도가 1도씩 오를 때마다 지구에 어떤 변화가 생길지 과학적인 근거를 통해 아주 구체적으로 설명하고 있습니다. 지구의 평균 기온이 1도 상승하면 세계 곳곳에서 홍수, 태풍, 폭염, 가뭄, 한파 등 다양한 형태의 이상 기후 현상이 나타납니다. 만약 2도가 오르면 가뭄과 홍수 피해를 입는 지역이 늘어나는 탓에 농사를 지을 땅이 없어져서 세계의 식량 생산에 큰 어려움이 생깁니다. 3도가 오르면 북극과 남극의 빙하가 빠른 속도로 녹아 해수면은 지금보다 5m 이상 상승하고 많은 섬들과 해안가에 있는 도시들이 물에 잠기게 될 것이라고 합니다. 4도가 오르면 많은 동물들의 멸종이 시작되고 5도가 오른다면 북극과 남극의 얼음이 모두 녹아 없어지게 될 것입니다. 마지막으로 저자는 지구의 기온이 6도까지 오르게 되면 생태계가 완전히 파괴되고 결국 인류가 멸종하게 될지도 모른다고 경고합니다. 여러분도 홍수로 인해 집과 가게가 물에 잠겨 힘들어하거나 계속 이어지는 폭염 탓에 산불이 발생하여 고통을 겪는 사람들의 모습을 최근 뉴스에서 자주 보셨을 것입니다. 인류를 멸종시킬지도 모를 기후 변화는 이미 시작되고 있습니다. 지구 온

난화 문제를 해결하지 못한다면 이상 기후 현상은 갈수록 심각해지고 이로 인해 생태계와 인류가 입는 피해는 더 커질 수밖에 없습니다. 그러므로 지금부터 우리는 환경을 위한 노력을 시작해야 합니다. 제 발표는 여기까지입니다. 책 내용에 대해 궁금한 점이 있으신 분들은 질문해 주시기 바랍니다.

CHAPTER 6

정보화 사회

6-1 일을 하면서 아이를 셋이나 키우다니, 대단해요

듣고 말하기 1

앵커 인구 문제에 관심이 많은 세계적인 기업가가 한국의 저출산 현상에 대해 지적해서 화제가 되고 있습니다. 지금의 출산율이 지속된다면 한국은 몇십 년 안에 인구가 현재의 6%로 줄어들 거라고 경고했는데요. 이대로 가다가는 대한민국의 인구가 심각하게 줄어서 100년 후에는 대한민국이라는 나라가 사라질지도 모른다고 합니다. 그렇지 않아도 한국의 출산율은 2023년 기준 0.7명대로 전 세계 198개 나라 중에서 198위로 가장 낮은 것으로 조사되었습니다. 저출산 현상은 우리 사회가 해결해야 할 가장 중요한 문제로 떠오르고 있는데요. 김성민 기자가 이 문제에 대해 알아봤습니다.

듣고 말하기 2

기자 요즘 사람들이 아이를 낳지 않는 이유가 뭐라고 생각하십니까? 직장인 712명을 대상으로 아이를 낳기 싫어하는 이유에 대해 조사해 봤습니다. 조사 결과 3위는 아이를 키우면서 일을 하기가 어려워서, 2위는 아이를 키우려면 돈이 많이 필요하기 때문에, 1위는 나를 위한 삶을 살고 싶어서라고 합니다. 거리에서 시민들의 생각을 직접 들어보겠습니다.

시민(여) 저희 어머니는 남매 셋을 키우시면서 일도 하셨어요. 어휴, 지금 생각해 보면 너무 대단하세요. 일을 하면서 아이를 셋이나 키우다니! 저는 그렇게 못할 것 같아요. 지금 한 명 키우는 것도 얼마나 힘든지 몰라요.

시민(남) 저를 포함해서 제 주변의 결혼한 친구들은 아이를 낳지 않겠다는 친구들이 많아요. 둘이 살기도 힘든데 아이가 생기면 돈이 더 많이 들잖아요. 저는 제 인생을 포기한 채 아이한테만 신경 쓰는 삶을 살고 싶지 않아요. 제 인생이니까 제가 행복한 게 제일 중요하죠.

기자 나이 많은 부모 세대들은 이런 젊은 사람들의 생각을 이해하지 못하는 경우가 많을 텐데요. 이 문제가 단순히 요즘 세대가 자기중심적이기 때문일까요? 이 문제를 다른 시각에서 바라볼 필요가 있다고 하는 인구학 전문가의 말을 들어보겠습니다.

교수 사람이 많이 사는 곳에서는 경쟁이 치열할 수밖에 없습니다. 대한민국 인구 중 반이 수도권에 살고 있는데요. 교육, 의료, 문화 시설이 잘 갖춰져 있어서 청년들은 서울의 물가가 비싸다고 해도 서울에 살고 싶어 합니다. 그런데 아이를 낳으면 휴직을 하거나 회사를 그만둬야 하기 때문에 경제적인 부분에서 부담이 생깁니다. 그러니 아이를 안 낳으려고 할 수밖에 없지요. 이 문제를 해결하기 위해서는 지방 도시에 좋은 학교, 큰 병원, 다양한 문화 시설을 충분히 만들고 청년들을 위한 좋은 일자리를 마련해야 합니다. 서울이 아닌 다른 지역에 살아도 충분히 좋은 삶을 살 수 있다면 아이를 낳을 생각을 하게 될 것입니다.

기자 지금까지 저출산 문제의 원인과 해결책에 대해 살펴봤습니다. 소 잃고 외양간 고치는 일이 없도록 앞으로 꾸준히 정부와 사회가 관심을 기울여야 하겠습니다. 지금까지 HBS 김성민이었습니다.

색인

ㄱ

가렵다	to be itchy	88
가뭄	drought	158
가뭄이 들다	to have a drought	142
가입하다	to join, to register	188
가축	livestock	160
간단히	simply	23
갈등	conflict	122, 128
갈등을 겪다	to experience conflict	122, 128
감기 증상	cold symptoms	82
감상하다	to appreciate, to admire	32
갖추다	to be equipped	175
개발자	developer	62, 68
개봉하다	to release, to premiere	51
개선하다	to improve	92
개성	individuality	35
개운하다	to be refreshed	95
거주하다	to live, to reside	183
걱정거리	source of anxiety	85
건강을 해치다	to damage one's health	82
건물이 무너지다	for a building to collapse	158
건축가	architect	68
검색하다	to search	188
겪다	to suffer, to go through	128
경고하다	to warn	145
경력	work experience	52
경력이 있다	to have work experience	52
경영학과	business and administration department	53
경쟁이 치열하다	for the competition to be fierce	172
경찰관	police officer	68
경험을 쌓다	to build experience	52
계획적	deliberate	38
계획적인 성격	organized personality	38
고난	hardship	128
고난을 겪다	to suffer hardships	128
고령화	aging	191
고통을 당하다	to suffer from pain	122
골머리를 앓다	to bother one's head	155
공격	attack	112
공격하다	to attack	112
공모전	contest	183
공무원	civil servant	68
공유하다	to share	182
과묵하다	reserved	22
과학자	scientist	68
관련되다	to be related	191
관심을 기울이다	to pay attention	172
괴롭다	to be distressed	112
교사	teacher	68
교통편	means of transportation	43
구독	subscription	115
구체적	specific	85
구토	vomit	101
권리	right	131
규모	scale	65
규정	rule, regulation	57
극복하다	to overcome	115
근거	basis	145
글	article	188
금방	soon, quickly	25
금융업	financial business	62
급여	pay, salary	58
급할수록 돌아가라	haste makes waste	55
기관	organization	125
기력	vitality	95
기술직	technical work	62

기운	energy	95
기자	reporter	68
기획	plan	65
길거리 공연	street performance, busking	32
깔다	to lay, to spread	125
깨닫다	to realize	72
꾸준히	steadily	25, 175
꿀팁	helpful tip, life hack	183
꿈꾸다	to dream	52
끈	string	153

ㄴ

낙관적	positive	38
낙천적	optimistic	22, 38
난리	panic, mess	143
남극	South Pole	145
남기다	to leave, to withdraw	188
남녀노소	men and women of all ages	185
냉 체질	cold constitution	93
네티즌	netizen	182
놀리다	to tease	23
농사를 짓다	to farm	145
눈과 귀를 사로잡다	to captivate ears and eyes	32
능동적	active	22, 38
능동적으로 행동하다	to be proactive	38

ㄷ

다루다	to handle, to deal with	115
다른 시각에서 바라보다	to look at things from a different point of view	172
다운받다	to download	188
단순하다	to be simple	72
단순히	simply	175
달다	to add	188

대규모	large scale	35
대기 오염	air pollution	152
대량	large quantity	191
대응	action, deal with	122
대응 방법	method of reaction	122
대인 관계	personal relationship	55
대피하다	to evacuate	143
대형	large size	191
댓글	comment	188
도입하다	to introduce	131
도전하다	to take on, to challenge	52
독창적	creative	22, 38
동식물이 말라 죽다	for plants and animals to die of thirst	158
동문서답	an irrelevant answer	83
되돌아보다	to look back on	55
두통	headache	98
뒤덮이다	to be covered	151
따로	separately, particularly	101
땅이 갈라지다	for the earth to split	158

ㄹ

라벨	label	153
레시피	recipe	23
리듬감	sense of rhythm	25

ㅁ

마련하다	to arrange, to prepare	175
마음을 털어놓다	to open one's heart	112
매사	everything	25
매트	mat	125
머리가 지끈거리다	to have a pounding headache	98
멀리하다	to avoid	185
멍하니	blankly, absently	85
메탄가스	methane gas	160

멘토	mentor	55
면접관	interviewer	141
멸종	extinction	142
모습	appearance, image	35
모험가	adventurer	25
모험을 즐기다	to be adventurous	22
몰리다	to gather, to flock, to throng	181
무선 인터넷	wireless internet	185
무심코	carelessly	115
문제로 떠오르다	to arise as an issue	122
문지르다	to rub	95
(땅에) 묻다	to bury	152
(양념이) 묻다	to be stained with	153
물류 관리사	logistics manager	72
미디어	media	182
민간요법	home remedy	92
민간요법을 쓰다	to use a home remedy	92

ㅂ

반	half	191
반려견	pet dog	125
반려동물	pet	125
반영하다	to reflect	191
반응하다	to respond	112
받다	to receive	128
발견하다	to discover	72
발달	development	65
발생하다	to occur	122
발이 넓다	to have a large social circle	22
발전	development	35
발전시키다	to develop	65
방과 후	after school	65
방지하다	to prevent	131
방해받다	to be interrupted, to be disturbed	131

배가 쑤시다	to have a terrible stomachache	98
배려하다	to be considerate	112
배설물	excrement	160
배출하다	to emit	152
범죄	crime	131
벗어나다	to get away from	125
변호사	lawyer	62, 68
–별	classified by, according to	125
보급	spread	65
보안	security	63
복용	dose	101
복통	stomachache	98
부동산	real estate	175
부위	part, area	101
부피	volume	153
북극	North Pole	145
분노	anger	112
분노하다	to be angry	112
분류하다	to sort	72
분리하다	to separate	152
불면증	insomnia	82
불면증이 생기다	to get insomnia	82
불쾌하다	to be uncomfortable, to be displeased	185
불필요하다	to be unnecessary	155
비관적	pessimistic	22, 38
비난	criticism	112, 128
비난(을) 받다	to receive criticism	128
비난하다	to criticize	112
비닐	plastic	153
비중	importance	185
빈혈	anemia	101
빙하	glacier	145

ㅅ

사교육	private education	191
사교적	sociable	22, 38
사라지다	to disappear	173
사례	example, case	85
사무실 직원	office worker	62
사무직	office job	62
사업가	entrepreneur	173
사연	story, circumstances	55
사이트	site	188
사회적으로 인정받다	to be socially recognized	62
산불이 나다	for a forest fire to start	158
산불이 발생하다	for a forest fire to break out	142
산업	industry	191
살피다	to check, to study	92
–상	on, via (a platform or concept)	185
상담원	counselor	68
상승하다	to increase, to rise	145
상징하다	to symbolize	32
상처	wound, hurt	112, 128
상처(를) 받다	to get hurt	112, 128
새롭다	to be new	25
생생하다	to be vivid	32
생태계	ecosystem	142
선플	positive comment	188
선호하다	to prefer	63
성실하다	sincere	22
성장하다	to develop, to grow	191
성질	properties, nature	93
성취감	sense of accomplishment, fulfillment	55
세계적	global	141
셰프	chef	23
소 잃고 외양간 고치다	to shut the stable door after the horse has bolted	175
소방관	fire fighter	68
소설	novel	53
소속되다	to be affiliated	65
소식하다	to eat light	92
소화불량	indigestion	101
손이 부족하다	to be short-handed	151
손해	damage	113
수거하다	to pick up, to collect	152
수다스럽다	talkative, chatty	22
수도권	capital area	172
수도권 주민	residents of the capital area	172
수동적	passive	38
수리 기사	repairman	62
수면	sleep	82
수면 시간	hours of sleep	82
수면 장애	sleep disorder	98
수익	profit	185
수족관	aquarium	43
수질 오염	water pollution	152
스트레스 해소법	methods of relieving stress	82
습관	habit	190
시련	ordeal	128
시련을 겪다	to suffer an ordeal	128
식수가 부족해지다	for drinking water to become scarce	158
식욕 부진	loss of appetite	98
식욕이 떨어지다	for one's appetite to decrease	82
신속하다	to be quick	182
신중하다	to be careful	72
실명	real name	131
실시간	real-time, live	182
실시간 방송	live-stream	182
실시하다	to execute, to hold	183
실업	unemployment	175

ㅇ

악플	negative comment	188
안정성	stability	55
앓다	to be sick, to be worried	82
앱 개발자	app developer	63
약물	medication	101
어려움	difficulties	128
어려움을 겪다	to experience difficulties	128
어지럼증	dizziness	101
역지사지	to put yourself in someone else's shoes	125
역할	role	185
연봉	yearly pay	57
열 체질	hot constitution	93
영상 콘텐츠	video content	182
영양제	nutritional supplements	180
영향력	influence	185
예민하다	to be sensitive	82
예방하다	to prevent	92
예비	spare, reserve	23
예술	art	35
온실가스	greenhouse gases	142
올리다	to upload	188
외교관	diplomat	68
요약	summary	103
요청하다	to request	122
용기	container	153
우려되다	to be concerned	185
우울증	depression	82
우울증에 걸리다	to get a depression	82
원인	cause	122
원인으로 나타나다	to turn out to be the cause (of)	122
웹 디자이너	web designer	62
위로를 받다	to be comforted	112
위주	–centered, –oriented	125

유지하다	to maintain	191
유통하다	to distribute	72
은행원	bank teller	62
의료	medical treatment	172
의료 시설	medical facility	172
의외로	unexpectedly, surprisingly	155
의욕 상실	lack of motivation	98
의욕이 사라지다	to lose one's motivation	98
이끌다	to guide, to lead	35
이상 기후	abnormal weather	142
이직	changing jobs	52
이직하다	to change jobs	52
익명	anonymous	131
인구	population	172
인구가 감소하다	for the population to decrease	172
인기를 끌다	to catch[gain] popularity	32
인디밴드	indie band	32
인명 피해가 발생하다	for casualties to result	158
인물	figure, person	103
인턴	intern	141
일반화되다	to be generalized, to become commonplace	122
1인 가구	single-person household	191
1인 미디어	Personal Media	182
일자리	job	63
일회용품	disposables, disposable product	152
입력하다	to enter	188
입맛이 없다	to have no appetite	98
입사	joining a company	52
입사하다	to join a company	52

ㅈ

자격증	certificate, license	58
자극적이다	to be provocative	182
자기중심적	self-centered	175

자연재해	natural disaster	158
자원	resources	155
자율성	autonomy	55
작가	author	68
작품	work, piece	32
잠기다	to be submerged	145
잠을 설치다	to not sleep well	82, 98
재난	disaster	142
재택근무	telecommuting, work from home	57
재활용	recycling	152
저출산	low birthrate	172
저출산 문제	the issue of low birthrate	172
적성에 맞다	to be suited to	52
전기 기술자	electrician	62
전달하다	to send, to deliver	182
전망이 밝다	for the outlook to be bright	62
전문적	professional	65
전문직	specialized job	62
전시회	exhibition	32
접하다	to learn about, to come into contact with	52
정년이 보장되다	to be tenured	62
정리되다	to be removed, to be organized	191
정보	information	188
제거하다	to eliminate	153
제공되다	to be provided	33
제작하다	to create	182
조급하다	impatient	55
조선	the Joseon Dynasty	103
조형물	sculpture	32
종량제 봉투	standard plastic garbage bag	153
종사하다	to work in	62
종종	sometimes, now and then	25
주거	residence	125
줄어들다	to decrease	173
줄이다	to reduce	152

증상	symptom	82
지구 온난화	global warming	141
지붕이 날아가다	for a roof to blow off	158
지속되다	to continue	173
지적하다	to point out, to criticize	172
지진	earthquake	158
지켜보다	to watch	95
직업으로 삼다	to do something for a living	62
진로	career path	52
진로를 정하다	to decide on a career path	52
진통제	painkiller	101
집사람	wife	115
집이 물에 잠기다	for a house to be submerged in water	158
징크스	jinx	88

ㅊ

차가 물에 떠내려가다	for a car to be carried away by water	158
차근차근	calm and orderly	72
차별	discrimination	128
차별(을) 받다	to be discriminated against	128
차이	difference	58
참여하다	to participate	33
창문이 깨지다	for windows to break	158
창의적	creative	38
책임을 지다	to take responsibility	72
첨부하다	to attach	188
체력	strength	72
체질	body constitution (in Oriental medicine)	92
체질 개선	improve one's constitution	92
출산율	birthrate	172
출산율 감소	decrease in birthrate	172
출판하다	to publish	85
충격	shock	112, 128

충격(을) 받다	to receive a shock	112, 128
충동구매	impulse shopping	180
충동적	impulsive	38
취업	getting a job	53
취향	taste, preference	190
층간 소음	noise between floors	122
층간 소음에 시달리다	to suffer from noise between floors	122
친환경	eco-friendly	152
침	needle, acupuncture needle	92
침을 맞다	to get acupuncture	92
침해하다	to violate	131

ㅋ

캡처하다	to take a screenshot	188
콘텐츠	content	182
쾅쾅	bang-bang	125
쿵쿵대다	to thump	125
크리에이터	content creator	25

ㅌ

탈퇴하다	to leave, to withdraw	188
태풍	typhoon	158
태풍이 불다	for a typhoon to occur	142
텀블러	tumbler	155
통증	pain	101
퇴사	resignation	52
퇴사하다	to resign	52
트림	burp	160
틈틈이	in one's spare time	113

ㅍ

| 파악하다 | to figure out, to understand | 72 |

파일	file	188
퍼오다	to come from, to be provided by	188
펀드 매니저	fund manager	62
편안하다	to be relaxed	72
편집	edit	65
평소	usual	53
폭염이 이어지다	for a heat wave to continue	142
프로게이머	progamer	65

ㅎ

한약	herbal medicine	92
한약을 짓다	to prepare herbal medicine	92
한의사	Oriental medicine doctor	95
한의원	Oriental medical clinic	92
한의원 진료	treatment at an Oriental medical clinic	92
한의학	Oriental medicine	95
한파가 찾아오다	for a cold snap to occur	142
항의	complaint	122, 125
항의하다	to complain	122
해법	solution	155
해소법	methods of relief	82
해수면	sea surface height, sea level	145
해안가	coast	145
해외 네티즌	foreign netizens, overseas netizens	182
허무하다	to be futile, to be empty	115
현상	phenomenon	173
현실적	realistic, practical	55
형태	shape, form	185
홍수	flood	158
홍수가 나다	to be flooded	142
화가	painter	68
화려하다	to be splendid, to be showy	155
화면	screen	188

화제	topic	103
화제가 되다	to become a hot topic	172
활동적	energetic	38
활동하다	to act	25, 188
회복하다	to recover	92
회사원	office worker	68
훌륭하다	to be excellent	103
휴직	leave of absence	175
흔하다	to be common	181

기타

IT 업종	IT industry	62
SNS	social media	182
SNS 활동	social media activity	182

MEMO

MEMO

Hi! KOREAN 4A
Student's Book

지은이 김지수, 박선영, 안용준, 함윤희
펴낸이 정규도
펴낸곳 (주)다락원

초판 1쇄 인쇄 2023년 11월 21일
초판 1쇄 발행 2023년 11월 25일

책임편집 이숙희, 손여람
디자인 김나경, 안성민, 김희정
일러스트 윤병철
번역 Jamie Lypka
이미지 출처 shutterstock, iclickart

다락원 경기도 파주시 문발로 211, 10881
내용 문의 : (02)736-2031 내선 420~426
구입 문의 : (02)736-2031 내선 250~252
Fax : (02)732-2037
출판등록 1977년 9월 16일 제406-2008-000007호

ISBN 978-89-277-3326-3 14710
      978-89-277-3313-3 (set)

http://www.darakwon.co.kr
다락원 홈페이지를 방문하시면 상세한 출판 정보와 함께
MP3 자료 등 다양한 어학 정보를 얻으실 수 있습니다.

Hi! KOREAN

문법·어휘 학습서

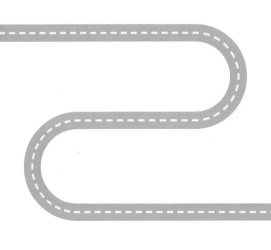

4A

DARAKWON

목차

목차 ··· 2

Chapter 01	소개	1-1	저는 친구들에게 활발하다는 이야기를 많이 들어요 ······ 4
		1-2	홍대 앞은 젊은 사람들이 즐길 만한 것들이 많아요 ······ 6
		1-3	한 단계 오르기 ··· 8

Chapter 02	직업	2-1	졸업하는 대로 취직을 한다든가 유학을 간다든가 할 거예요 ····· 9
		2-2	선생님의 조언에 따라서 크리에이터가 되었으면 해요 ····· 11
		2-3	한 단계 오르기 ··· 13

Chapter 03	건강한 생활	3-1	너무 스트레스를 받은 나머지 잠을 못 잤어요 ········· 14
		3-2	우유를 마시기만 하면 배탈이 나곤 해요 ············· 16
		3-3	한 단계 오르기 ··· 18

Chapter 04	소통과 배려	4-1 두 사람 사이가 얼마나 나쁜지 서로 말도 안 해요	19
		4-2 옆집 사람들이 밤늦도록 떠들어 대서 힘들어요	21
		4-3 한 단계 오르기	23
Chapter 05	환경	5-1 지구 온난화가 심해진 탓에 기후 변화가 나타나고 있어요	24
		5-2 일회용품을 계속 사용하다가는 환경 오염이 심해질 게 뻔해요	26
		5-3 한 단계 오르기	28
Chapter 06	정보화 사회	6-1 일을 하면서 아이를 셋이나 키우다니, 대단해요	29
		6-2 사실이 아닌데도 사실인 것처럼 이야기해요	31
		6-3 한 단계 오르기	33
		문법 설명 번역	34

소개

1-1 저는 친구들에게 활발하다는 이야기를 많이 들어요

1-2 홍대 앞은 젊은 사람들이 즐길 만한 것들이 많아요

1-3 한 단계 오르기

1-1 저는 친구들에게 활발하다는 이야기를 많이 들어요

어휘와 표현

주제 어휘

독창적	creative	성실하다	sincere
사교적	sociable	과묵하다	reserved
낙천적	optimistic	수다스럽다	talkative, chatty
능동적	active	발이 넓다	to have a large social circle
비관적	pessimistic	모험을 즐기다	to be adventurous

기타 추가 어휘

예비	spare, reserve	활동하다	to act
레시피	recipe	모험가	adventurer
셰프	chef	매사	everything
금방	soon, quickly	종종	sometimes, now and then
꾸준히	steadily	리듬감	sense of rhythm
새롭다	to be new	크리에이터	content creator

4

① A–다는 N   V–ㄴ/는다는 N

Used to quote and convey facts you have heard and modify the noun that follows. Can also be used to modify the noun that follows with content that you believe. This expression can also be used when quoting famous words such as Chinese character idioms, sayings, proverbs, etc.

Ex.
· 친구가 한국에 **온다는** 소식을 들었어요.

· 토픽 시험만 잘 보면 대학에 **갈 수 있다는** 생각은 좋지 않아요.

· 실패는 성공의 **어머니라는** 말이 있다.

Often used when explaining good points, bad points, characteristics, etc.
· 카렌 씨의 장점은 **꼼꼼하다는** 것입니다.
· 이 노트북의 특징은 **가볍다는** 점이다.

② A–(으)ㄴ 데다(가)   V–는 데다(가)

Used to indicate that the motion or state that follows is added to the motion or state that precedes. For each topic, the content that precedes and follows must be consistent. It can be described as an expression that's similar to A/V–(으)ㄹ 뿐만 아니라.

Ex.
· 대형마트는 물건이 **많은 데다가** 가격도 싸요.

· 어제부터 열이 **나는 데다가** 기침도 심해서 너무 힘들어요.

Careful!

The content that precedes and follows must be consistent.
· 이 방은 깨끗하지 않은 데다가 시설도 좋아요. (×)
· 이 방은 깨끗하지 않은 데다가 시설도 나빠요. (○)

어휘와 표현

주제 어휘

작품	work, piece	감상하다	to appreciate, to admire
전시회	exhibition	생생하다	to be vivid
조형물	sculpture	상징하다	to symbolize
인디밴드	indie band	인기를 끌다	to catch[gain] popularity
길거리 공연	street performance, busking	눈과 귀를 사로잡다	to captivate ears and eyes

기타 추가 어휘

참여하다	to participate	개성	individuality
제공되다	to be provided	모습	appearance, image
발전	development	대규모	large scale
이끌다	to guide, to lead	예술	art

① V-(으)ㄹ 만하다

Used when recommending an object (person, place, thing, etc.) because it has value. Also used when you don't really like something but it's still okay, or when something is still okay to use.

Ex.
- 가 새로 나온 영화가 재미있다고 들었는데 정말이에요?
  나 네, 그 영화가 정말 **볼 만해요.** 한번 보세요.

- 이 바지는 5년 전에 산 건데 아직 **입을 만해서** 안 버렸어요.

When making a recommendation, often combined with V-아/어 보다.
- 제주도는 공기가 좋고 경치도 아름다워서 정말 **가 볼 만해요.**
- 비빔밥은 많이 맵지 않은 데다 여러 가지 야채도 있어서 한번 **먹어 볼 만합니다.**

② V-는 김에

Used when you're doing something and an opportunity arises so you end up also doing something else that you didn't originally plan to do. If both things are done at almost the same time, V-는 김에 is used, and if the thing that follows begins after the thing that precedes is completed, then V-(으)ㄴ 김에 is used.

Ex.
- 편의점에 **가는 김에** 쓰레기를 버려야겠어요.
- 방 청소를 **하는 김에** 책장도 정리했다.

Careful!

When the thing that follows is performed after the preceding thing is completed, V-(으)ㄴ 김에 must be used.
- 친구들이 다 모였으니까 <u>모이는 김에</u> 단체 사진을 찍자. (×)
- 친구들이 다 모였으니까 <u>모인 김에</u> 단체 사진을 찍자. (○)

어휘 늘리기

주제 어휘

-적		활동적	energetic
능동적	active	창의적	creative
수동적	passive	독창적	creative
낙천적	optimistic	충동적	impulsive
낙관적	positive	계획적	deliberate
비관적	pessimistic	계획적인 성격	planning person
사교적	sociable	능동적으로 행동하다	act proactively

관용어

눈이 높다	입이 무겁다
귀가 얇다	눈치가 빠르다
손이 크다	발등에 불이 떨어지다

기타 추가 어휘

수족관	aquarium	교통편	means of transportation

CHAPTER

02 직업

2-1 졸업하는 대로 취직을 한다든가 유학을 간다든가 할 거예요

2-2 선생님의 조언에 따라서 크리에이터가 되었으면 해요

2-3 한 단계 오르기

2-1 졸업하는 대로 취직을 한다든가 유학을 간다든가 할 거예요

어휘와 표현

주제 어휘

진로	career path	접하다	to learn about, to come into contact with
이직	changing jobs	꿈꾸다	to dream
입사	joining a company	도전하다	to take on, to challenge
퇴사	resignation	적성에 맞다	to be suited to
경력	work experience	경험을 쌓다	to build experience

기타 추가 어휘

개봉하다	to release, to premiere	되돌아보다	to look back on
취업	getting a job	급할수록 돌아가라	haste makes waste
소설	novel	조급하다	impatient
평소	usual	대인 관계	personal relationship
경영학과	business and administration department	안정성	stability
멘토	mentor	자율성	autonomy
사연	story, circumstances	성취감	sense of accomplishment, fulfillment
현실적	realistic, practical		

① V-는 대로

Used when right after the preceding action is complete, another action is immediately performed. Used when talking about future plans or intentions, but not used when talking about unintentional things that happen by chance. In order to express that the following action begins right after the preceding action ends, it's often used with 바로. V-는 대로 can be swapped with V-자마자 instead.

Ex.
- **졸업하는 대로** 바로 회사에 취직할 거예요.
- 첫 월급을 **받는 대로** 부모님 선물을 사 드리려고 해요.

> **Careful!**
> Not used with things that happen by chance.
> - 밖에 나가는 대로 비가 왔다. (×)
> - 밖에 나가자마자 비가 왔다. (○)

② A-다든가 하다 V-ㄴ/는다든가 하다

Used when listing various facts, conditions, etc. that can be chosen. It means that of those several facts, at least one applies. It can be swapped with A/V-거나 하다 without a big difference in meaning.

Ex.
- 방학에 한국 요리를 **배운다든가** 여행을 **한다든가** 할 거예요.
- 집에 밥이 **없다든가** 요리하기가 **귀찮다든가** 할 때 라면을 끓여 먹어요.

> **Careful!**
> 하다 should not be dropped.
> - 드라마를 본다든가 게임을 한다든가 스트레스가 풀려요. (×)
> - 드라마를 본다든가 게임을 한다든가 하면 스트레스가 풀려요. (○)

어휘와 표현

주제 어휘

사무직	office job	종사하다	to work in
기술직	technical work	전망이 밝다	for the outlook to be bright
전문직	specialized job	직업으로 삼다	to do something for a living
금융업	financial business	정년이 보장되다	to be tenured
IT 업종	IT industry	사회적으로 인정받다	to be socially recognized

기타 추가 어휘

연봉	yearly pay	방과 후	after school
재택근무	telecommuting, work from home	발달	development
규정	rule, regulation	보급	spread
자격증	certificate, license	프로게이머	progamer
급여	pay, salary	규모	scale
차이	difference	기획	plan
일자리	job	편집	edit
선호하다	to prefer	소속되다	to be affiliated
앱 개발자	app developer	발전시키다	to develop
보안	security	전문적	professional

1 N에 따라(서)

Used when the content is determined or changed by a certain criteria. Also used with vocabulary like 유무, 여부, 여하, etc. added after certain nouns. 유무 indicates that a thing, condition, etc. "exists or doesn't exist," and 여부 means that it's "correct or not," or that it "will or won't be done." 여하 indicates "to what degree."

- 학교 **규정에 따라서** 모든 학생들은 교복을 입어야 합니다.
- 나이와 **성별에 따라** 좋아하는 운동이 달라요.

> **Careful!** Cannot be used with a person alone, and must be used together with the person's words, advice, warning, etc.
> - 선생님에 따라 진로를 바꾸기로 결정했어요. (×)
> - 선생님의 조언에 따라 진로를 바꾸기로 결정했어요. (○)

2 A/V–았/었으면 하다

Used when talking about your or another person's hopes. Unlike A/V–았/었으면 좋겠다, which only has the meaning of your own hopes, it can be used when talking not just about your hopes but about someone else's as well. In the case of a noun, it can be used as N이었으면/였으면 하다.

- 좋은 직장에 취직을 **했으면 합니다.**
- 우리 부모님은 제가 빨리 결혼을 **했으면 하세요.**

> **Careful!** When writing an essay, it must be written as 한다 regardless of the part of speech.
> - 새로 이사 가는 집은 화장실이 좀 넓었으면 한다.
> - 다음에 같이 일하는 사람은 적극적인 사람이었으면 한다.

어휘 늘리기

주제 어휘

-사		-원	
의사	doctor	회사원	office worker
교사	professor	공무원	civil servant
변호사	lawyer	상담원	counselor
-자		**-관**	
과학자	scientist	경찰관	police officer
기자	reporter	소방관	fire fighter
개발자	developer	외교관	diplomat
-가			
작가	author		
화가	painter		
건축가	architect		

속담

하늘의 별 따기	고생 끝에 낙이 온다
우물 안 개구리	천 리 길도 한 걸음부터
급할수록 돌아가라	

기타 추가 어휘

발견하다	to discover	편안하다	to be relaxed
단순하다	to be simple	깨닫다	to realize
분류하다	to sort	신중하다	to be careful
파악하다	to figure out, to understand	책임을 지다	to take responsibility
차근차근	calm and orderly	물류 관리사	logistics manager
체력	strength	유통하다	to distribute

CHAPTER

03 건강한 생활

3-1 너무 스트레스를 받은 나머지 잠을 못 잤어요

3-2 우유를 마시기만 하면 배탈이 나곤 해요

3-3 한 단계 오르기

3-1 너무 스트레스를 받은 나머지 잠을 못 잤어요

어휘와 표현

주제 어휘

증상	symptom	앓다	to be sick, to be worried
수면	sleep	예민하다	to be sensitive
불면증	insomnia	잠을 설치다	to not sleep well
우울증	depression	건강을 해치다	to demage one's health
해소법	methods of relief	식욕이 떨어지다	for one's appetite to decrease

기타 추가 어휘

동문서답	an irrelevant answer	사례	example, case
걱정거리	source of anxiety	출판하다	to publish
구체적	specific	멍하니	blankly, absently

1 A/V-(으)ㄴ 나머지

Used when the content that precedes it, which is to a strong degree, becomes the cause for the result that follows. To express that the content is to an extreme degree, it's often used with 너무, 심하게, 지나치게, etc. The result that follows is usually negative, but it can also be used to express something that doesn't usually occur.

Ex.
- 어제 면접시험을 봤는데 너무 **긴장한 나머지** 쉬운 질문에도 대답을 못했어요.
- 대학에 합격했다는 소식을 듣고 **기쁜 나머지** 소리를 질렀어요.

> **Careful!**
> Not used when the result caused by the preceding content is positive.
> - 열심히 노력한 나머지 시험에 합격했다. (×)
> - 열심히 노력해서 시험에 합격했다. (○)

2 A/V-(으)ㄹ지도 모르다

Used when speculating about the possibility of a certain situation. As the degree of uncertainty of the thing you're speculating about is high, it's used mainly when you're saying that you think the chance of that thing happening is low. Depending on the situation, it can reveal the speaker's worries, and in these cases, includes the meaning that because there is a chance that thing will occur, preparations need to be made in advance. Can be swapped with A/V-(으)ㄹ 수도 있다 without much change in meaning.

Ex.
- 지난번엔 졌지만 오늘은 우리 팀이 **이길지도 몰라요**.
- 갑자기 비가 **올지도 모르니까** 우산을 가지고 가세요.

>
> When making a guess about a situation that is already complete, the form A/V-았/었을지도 모르다 is used.
> - 집에 택배가 **도착했을지도 모르니까** 빨리 가 봐야겠어요.

> **Careful!**
> 모르다 is not used in the past tense.
> - 엠마 씨가 집에 간다고 했지만 아직 안 갔을지도 몰랐어요. (×)
> - 엠마 씨가 집에 간다고 했지만 아직 안 갔을지도 몰라요. (○)

어휘와 표현

주제 어휘

체질	body constitution (in Oriental medicine)	살피다	to check, to study
침	needle, acupuncture needle	예방하다	to prevent
한약	herbal medicine	개선하다	to improve
한의원	Oriental medical clinic	회복하다	to recover
민간요법	home remedy	소식하다	to eat light

기타 추가 어휘

가렵다	to be itchy	기운	energy
징크스	jinx	지켜보다	to watch
열 체질	hot constitution	기력	vitality
냉 체질	cold constitution	한의사	Oriental medicine doctor
성질	properties, nature	한의학	Oriental medicine
개운하다	to be refreshed	문지르다	to rub

1 V-기만 하면

Used when if a certain action is done or a specific situation occurs, so does the action or result that follows. If the preceding incident occurs, then it automatically leads to the following action or result, and in these cases, there is no clear causal relationship between the preceding and subsequent clauses. Cannot be used with adjectives and is only used with verbs.

Ex.
- 저는 우유를 **먹기만 하면** 배탈이 나요.
- 두 사람은 얼굴을 **보기만 하면** 싸워요.

Careful!
Not used when there is a clear causal relationship.
- 밥을 많이 <u>먹기만 하면</u> 배가 불러요. (×)
- 밥을 많이 <u>먹어서</u> 배가 불러요. (○)

2 V-곤 하다

Used when the same action is repeated over a long period of time. Indicates a habitual action, when that action continues into the present V-곤 하다 is used, and when it's an action that finished in the past, V-곤 했다 is used. Cannot be used with adjectives and is only used with verbs.

Ex.
- 피부가 건조하면 팩을 **하곤 해요.**
- 중학생 때는 시험 전날 밤을 **새우곤 했어요.**

Careful!
Cannot be used when describing future plans or with orders or requests.
- 대학생이 되면 학교 도서관에 <u>가곤 할 거예요.</u> (×)
- 심심할 때 영화를 <u>보곤 하세요.</u> (×)

어휘 늘리기

주제 어휘

두통	headache	머리가 지끈거리다	to have a pounding headache
복통	stomachache	배가 쑤시다	to have a terrible stomachache
수면 장애	sleep disorder	잠을 설치다	to not sleep well
식욕 부진	loss of appetite	입맛이 없다	to have no appetite
의욕 상실	lack of motivation	의욕이 사라지다	to lose one's motivation

사자성어

단도직입	동문서답
우문현답	이실직고
호언장담	횡설수설

기타 추가 어휘

빈혈	anemia	복용	dose
따로	separately, particularly	약물	medication
진통제	painkiller	조선	the Joseon Dynasty
소화불량	indigestion	인물	figure, person
어지럼증	dizziness	훌륭하다	to be excellent
구토	vomit	화제	topic
부위	part, area	요약	summary
통증	pain		

CHAPTER

04 소통과 배려

4-1 두 사람 사이가 얼마나 나쁜지 서로 말도 안 해요

4-2 옆집 사람들이 밤늦도록 떠들어 대서 힘들어요

4-3 한 단계 오르기

4-1 두 사람 사이가 얼마나 나쁜지 서로 말도 안 해요

어휘와 표현

주제 어휘

상처	wound, hurt	괴롭다	to be distressed
충격	shock	반응하다	to respond
분노	anger	배려하다	to be considerate
비난	criticism	위로를 받다	to be comforted
공격	attack	마음을 털어놓다	to open one's heart

기타 추가 어휘

틈틈이	in one's spare time	다루다	to handle, to deal with
손해	damage	구독	subscription
집사람	wife	무심코	carelessly
허무하다	to be futile, to be empty	극복하다	to overcome

1 V-는 둥 마는 둥 하다

Used when saying that in a situation in which a certain action needs to be done, you aren't doing it properly and are only doing half-heartedly. Sometimes you don't have time or it's a situation in which you aren't clear-headed. It can also be used to say that you don't do something properly because you don't want to do it. As it expresses an action, it can only be used with verbs.

- 밤에 너무 더워서 잠을 **자는 둥 마는 둥** 했다.
- 책 내용이 재미없어서 **읽는 둥 마는 둥 하다**가 잠이 들었다.

> **In Depth!**
>
> Can be used with verbs in the future tense with the meaning of speculating about a future situation.
> - 밤을 새워 공부해도 그 시험에 **합격할 둥 말 둥** 한데 이렇게 놀고 있으니 큰일이네.

2 얼마나(어찌나) A-(으)ㄴ지 / V-는지 (모르다)

Used when saying that a certain state or degree is remarkable. Also used when recommending that someone try something because it's very good. In these cases, it's usually used at the end of a sentence. On the other hand, it can also be used when saying that the degree of a certain action or state is so excessive that the following state or situation occurs.

- 그 커피숍에 한번 가 보세요. 분위기가 **얼마나 좋은지 몰라요.**
- 친구가 **어찌나 화가 많이 났는지** 말을 한 마디도 안 해요.

> **Careful!**
>
> 1. 모르다 cannot be used in the past tense.
>   - 날씨가 <u>얼마나 추운지 몰랐어요</u>. (×)
>   날씨가 <u>얼마나 추운지 몰라요</u>. (○)
>
> 2. With a verb, it's used naturally with an adverb that indicates a degree, like 열심히, 잘, 많이, etc.
>   - 우리 아이가 <u>얼마나 영어를 하는지 몰라요</u>. (×)
>   우리 아이가 <u>얼마나 영어를 잘 하는지 몰라요</u>. (○)

어휘와 표현

주제 어휘

층간 소음	noise between floors	요청하다	to request
갈등	conflict	발생하다	to occur
원인	cause	일반화되다	to be generalized
대응	action, deal with	고통을 당하다	to suffer from pain
항의	complaint	문제로 떠오르다	for an issue to arise

기타 추가 어휘

위주	–centered, –oriented	항의	complaint
벗어나다	to get away from	매트	mat
쿵쿵대다	to thump	깔다	to lay, to spread
반려동물	pet	쾅쾅	bang-bang
반려견	pet dog	기관	organization
주거	residence	역지사지	to put yourself in someone else's shoes
–별	classified by, according to		

1 V-도록

Used when talking about an amount of time with the meaning of "until that amount of time or longer." Also used when indicating the excessive degree of an action, with the meaning of "to the degree that a certain state occurs." It is often used with idiomatic expressions.

- 친구와 4시간이 **넘도록** 이야기했어요.
- 일이 많아서 **밤늦도록** 회사에서 일했다.
- 친구에게 잘못을 해서 **손이 발이 되도록** 빌었어요.

> Frequently used idiomatic expressions are as follows.
> - 목이 빠지도록 기다리다
> - 목이 터지도록 소리를 지르다
> - 배가 터지도록 먹다
> - 손이 발이 되도록 빌다
> - 배꼽이 빠지도록 웃다
> - 입에 침이 마르도록 칭찬하다
> - 귀에 못이 박히도록 듣다
> - 미치도록, 죽도록 …

2 V-아/어 대다

Used when repeating or continuing to do a certain action to an excessive degree. As it's usually used when evaluating that action negatively, it isn't used in formal situations.

- 아래층에 사는 사람이 창문을 열고 담배를 **피워 대서** 힘들어요.
- 콘서트장에 온 팬들이 목이 터지도록 소리를 **질러 댔어요.**

> **Careful!**
>
> 1. Usually not used with verbs that are performed once and are complete (to go, to come, to get married, etc.).
>   - 친구가 자꾸 우리 집에 <u>와 대서</u> 힘들어요. (×)
>
> 2. Doesn't match well when used in positive situations.
>   - 첸 씨가 나를 자주 <u>도와줘 대서</u> 고마운 마음이 들어요. (×)

어휘 늘리기

주제 어휘

받다	to receive	겪다	to suffer
비난	criticism	갈등	conflict
상처	hurt	어려움	difficulties
충격	shock	시련	ordeal
차별	discrimination	고난	hardships

사자성어

일석이조	우유부단
역지사지	인지상정
비일비재	과유불급

기타 추가 어휘

권리	right	방지하다	to prevent
도입하다	to introduce	침해하다	to violate
방해받다	to be disturbed	실명	real name
범죄	crime	익명	anonymous

CHAPTER

 **05** **환경**

5-1 지구 온난화가 심해진 탓에 기후 변화가 나타나고 있어요

5-2 일회용품을 계속 사용하다가는 환경 오염이 심해질 게 뻔해요

5-3 한 단계 오르기

5-1 지구 온난화가 심해진 탓에 기후 변화가 나타나고 있어요

어휘와 표현

주제 어휘

태풍이 불다	for a typhoon to occur	재난	disaster
산불이 발생하다	for a forest fire to break out	멸종	extinction
폭염이 이어지다	for a heat wave to continue	생태계	ecosystem
한파가 찾아오다	for a cold snap to occur	온실가스	greenhouse gases
홍수가 나다	to be flooded	이상 기후	abnormal weather
가뭄이 들다	to have a drought		

기타 추가 어휘

인턴	intern	북극	North Pole
면접관	interviewer	남극	South Pole
지구 온난화	global warming	빙하	glacier
세계적	global	농사를 짓다	to farm
대피하다	to evacuate	해수면	sea surface height, sea level
난리	panic, mess	해안가	coast
근거	basis	잠기다	to be submerged
상승하다	to increase, to rise	경고하다	to warn

1 A-(으)ㄴ 탓에 V-는 탓에

Used when the preceding content is the basis or reason for a negative result that occurred. Mainly used when external factors or unintended incidents led to a result that you did not want. With a verb, the past tense V-(으)ㄴ 탓에 is frequently used. With a noun, N인 탓에 is used, and when directly pointing out the cause of the problem, N 탓에 is used.

Ex.
- 팬 사인회에 사람이 너무 많이 **몰린 탓에** 행사가 취소되었습니다.
- 저는 성격이 **내성적인 탓에** 먼저 다른 사람에게 말을 거는 경우가 거의 없습니다.
- **미세먼지 탓에** 외출할 때마다 마스크를 써야 해요.

> **Compare**
>
> A-(으)ㄴ 덕분에 V-(으)ㄴ/는 덕분에
>
> An expression used when a positive result occurred through the help of another party. Used most frequently when thanking someone. When referring directly to the person who helped, N 덕분에 is used.
>
> - 지난번 문제는 도와주신 덕분에 잘 해결됐습니다.
> - 선생님 덕분에 무사히 졸업할 수 있었습니다. 감사합니다.

2 N조차

Used to talk about things you already know, as well as things that are natural, basic, and very simple. Mostly used in negative situations or negative sentences. Can also be combined with and used following grammatical forms such as A-(으)ㄴ /V-는 것, A-(으)ㄴ지/V-는지, V-(으)ㄹ 수, etc.

Ex.
- 미래에는 마스크가 없으면 **외출조차** 할 수 없을 지도 몰라요.
- 내일이 발표인데 발표 준비를 아직 **시작조차** 못 했어요.
- 눈길에 다리를 다쳐서 **걸을 수조차** 없는 상황이에요.

어휘와 표현

주제 어휘

수질 오염	water pollution	묻다	to bury
대기 오염	air pollution	줄이다	to reduce
일회용품	disposables, disposable product	분리하다	to separate
재활용	recycling	배출하다	to emit
친환경	eco-friendly	수거하다	to pick up, to collect

기타 추가 어휘

손이 부족하다	to be short-handed	제거하다	to eliminate
뒤덮이다	to be covered	골머리를 앓다	to bother one's head
종량제 봉투	standard plastic garbage bag	의외로	unexpectedly, surprisingly
(양념이) 묻다	to be stained with	텀블러	tumbler
용기	container	자원	resources
부피	volume	불필요하다	to be unnecessary
라벨	label	화려하다	to be splendid, to be showy
비닐	plastic	도저히	can't possibly
끈	string	해법	solution

1 V-다가는

Used when saying that if the current action or situation continues, a negative result can occur. As it's used when you've been worriedly watching a situation that has continued for a long time, it goes naturally with expressions like 이렇게, 저렇게, 그렇게, 계속, etc. In order to indicate a prediction about a negative situation, it's used with suitable expressions like A/V-(으)ㄹ 것이다, A/V-(으)ㄹ지도 모르다/모르겠다, V-는 수가 있다, etc. in the subsequent clause. Also used with V-지 않다가는 to say that if a certain action isn't done, a negative result can occur.

> Ex. · 그렇게 옷을 얇게 입고 **다니다가는** 감기에 걸릴지도 몰라요.
> · 수업을 제대로 **듣지 않다가는** 시험을 망치게 될걸.

2 A/V-(으)ㄹ 게 뻔하다

Used to express that, thinking back on past situations or experiences, you are certain that a result will occur even without confirming it for yourself. As it's a speculative expression that indicates a situation that will occur in the future, it isn't used with things that are determined through the will of the subject. When speculating about the past or a completed fact, the form A/V-았었을 게 뻔하다 is used.

> Ex. · 지난 시험도 어려웠으니까 다음 시험도 **어려울 게 뻔해**.
> · 서준 씨는 요즘 매일 술을 마시니까 오늘도 술을 **마실 게 뻔하다.** (현재, 미래의 일)
> · 서준 씨는 요즘 매일 술을 마시니까 어제도 술을 **마셨을 게 뻔하다.** (과거의 일)

> Careful!
> Not used with things that are determined through the will of the subject.
> · 나는 이번 시험에 또 떨어질 게 뻔해. (○)
> · 나는 오늘 도서관에서 공부할 게 뻔해. (×)

어휘 늘리기

주제 어휘

자연재해		natural disaster	
태풍	typhoon	홍수	flood
지붕이 날아가다	for a roof to blow off	차가 물에 떠내려가다	for a car to be carried away by water
창문이 깨지다	for windows to break	집이 물에 잠기다	for a house to be submerged in water
가뭄	drought	지진	earthquake
동식물이 말라 죽다	for plants and animals to die of thirst	땅이 갈라지다	for the earth to split
산불이 나다	for a forest fire to start	건물이 무너지다	for a building to collapse
식수가 부족해지다	for drinking water to become scarce	인명 피해가 발생하다	for casualties to result

관용어

눈을 돌리다	골머리를 앓다
입을 모으다	코앞에 닥치다
손이 부족하다	

기타 추가 어휘

메탄가스	methane gas	가축	livestock
트림	burp	배설물	excrement

CHAPTER

06 정보화 사회

6-1 일을 하면서 아이를 셋이나 키우다니, 대단해요

6-2 사실이 아닌데도 사실인 것처럼 이야기해요

6-3 한 단계 오르기

6-1 일을 하면서 아이를 셋이나 키우다니, 대단해요

어휘와 표현

주제 어휘

의료	medical treatment	지적하다	to point out, to criticize
인구	population	화제가 되다	to become a hot topic
저출산	low birthrate	관심을 기울이다	to pay attention
출산율	birthrate	경쟁이 치열하다	for the competition to be fierce
수도권	capital area	다른 시각에서 바라보다	to look at things from a different point of view

기타 추가 어휘

사업가	entrepreneur	갖추다	to be equipped
현상	phenomenon	휴직	leave of absence
지속되다	to continue	꾸준히	steadily
줄어들다	to decrease	마련하다	to arrange, to prepare
사라지다	to disappear	소 잃고 외양간 고치다	to shut the stable door after the horse has bolted
단순히	simply	부동산	real estate
자기중심적	self-centered	실업	unemployment

문법

❶ V-(으)ㄴ 채(로)

An expression used when the action that follows occurs in a situation in which the previous action has completed and that state continues. Often used in unnatural, unusual, or unexpected situations, etc. in which you think that the preceding state and the following action don't go well together. Can be swapped with V-(으)ㄴ 상태로.

Ex.
- 안경을 **쓴 채로** 세수했어요.
- 밤에 많이 울어서 다음 날 눈이 **부은 채로** 출근했어요.

> **Careful!**
> Not used with things that are natural.
> - 신발은 벗은 채로 방에 들어갔다. (×)
> - 신발을 신은 채로 방에 들어갔다. (○)

❷ A/V-다니

Used when expressing surprise, disappointment, or admiration after you came to know or experienced something unexpected. Often used when realizing a fact and then speaking about it while adding your own opinion or evaluation.

Ex.
- 9월인데 이렇게 **덥다니**, 여름이 정말 길어진 것 같아요.
- 우리 학교 축구 팀이 우승을 **하다니**, 정말 놀라워요.

>
> To emphasize surprise at a fact without adding additional words, the sentence can be finished with an exclamation point.
> - 우리 학교 축구 팀이 우승을 **하다니**!
> - 그렇게 많은 음식을 다 **먹다니**!

어휘와 표현

주제 어휘

SNS	social media	제작하다	to create
콘텐츠	content	전달하다	to send, to deliver
네티즌	netizen	공유하다	to share
미디어	media	신속하다	to be quick
실시간	real-time, live	자극적이다	to be provocative

기타 추가 어휘

영양제	nutritional supplements	형태	shape, form
충동구매	impulse shopping	무선 인터넷	wireless internet
몰리다	to gather, to flock	영향력	influence
흔하다	to be common	비중	importance
거주하다	to live, to reside	역할	role
공모전	contest	우려되다	to be concerned
실시하다	to hold, to run	수익	profit
꿀팁	helpful tip, life hack	불쾌하다	to be unpleasant
-상	on, via (a platform or concept)	멀리하다	to avoid
남녀노소	men and women of all ages		

1 A-(으)ㄴ데도 V-는데도

Used when the thing that follows occurs regardless of the preceding situation or action. An expression used when the preceding situation could have an effect on the thing that follows, but the following result occurs regardless.

 · 날씨가 **추운데도** 짧은 옷을 입는 사람들이 많습니다.

· 비가 **오는데도** 축구를 하러 갔어요.

> Careful!
>
> With the past tense, A/V-았/었는데도 is used.
> · 밥을 많이 먹었는데도 배가 고파요.
> · 공부를 안 했는데도 시험을 잘 봤어요

2 A-(으)ㄴ 듯하다 V-는 듯하다

Used when carefully expressing a guess or an opinion, and provides a slightly formal feeling. If A-(으)ㄴ 것 같다 and V-는 것 같다 are colloquial expressions that can be used in everyday life, the expression above can be used both colloquially and formally, but can be said to be slightly formal. Depending on the tense, it can be used as A-(으)ㄹ 듯하다 and V-(으)ㄴ/(으)ㄹ 듯하다.

 · 친구가 화장실에 자주 가는 걸 보니 배가 **아픈 듯해요.**

· 룸메이트가 내 친구를 **좋아하는 듯해요.**

>
>
> In the titles of news articles, when sending a message to someone with whom you are close, etc., it's also used in a short form without 하다.
> · 폭설 내일까지 **이어질 듯.**
> · 미안한데 나 오늘 **못 갈 듯.**

어휘 늘리기

주제 어휘

정보	information	댓글	comment
검색하다	to search	악플	negative comment
입력하다	to enter	선플	positive comment
사이트	site	달다	to add
가입하다	to join, to register	남기다	to leave
활동하다	to act		
탈퇴하다	to leave, to withdraw		
파일	file	화면	screen
올리다	to upload	캡처하다	to take a screenshot
다운받다	to download	글	article
첨부하다	to attach	퍼오다	to come from, to be provided by

속담

가는 말이 고와야 오는 말이 곱다	뿌린 대로 거둔다
입에 쓴 약이 병에는 좋다	아내 땐 굴뚝에 연기 날까
소 잃고 외양간 고치기	

기타 추가 어휘

고령화	aging	반	half
관련되다	to be related	1인 가구	single–person household
사교육	private education	대량	large quantity
유지하다	to maintain	대형	large size
정리되다	to be removed, to be organized		

문법 설명 번역

소개 ⸻⸻⸻⸻⸻⸻⸻⸻⸻⸻⸻⸻⸻⸻⸻⸻⸻⸻⸻⸻⸻⸻

1-1 저는 친구들에게 활발하다는 이야기를 많이 들어요

• 문법

1 A-다는 N V-ㄴ/는다는 N

들은 사실을 인용하여 전달하면서 그 뒤에 오는 명사를 꾸며 줄 때 사용한다. 생각하는 내용을 담아 뒤에 오는 명사를 꾸며 줄 때도 사용할 수 있다. 또한 사자성어나, 속담, 격언 등 유명한 말을 인용하여 말할 때에도 쓸 수 있는 표현이다.

참고 장점, 단점, 특징 등을 설명할 때도 자주 사용된다.

2 A-(으)ㄴ 데다(가) V-는 데다(가)

앞의 동작이나 상태에 뒤의 동작이나 상태가 더해져서 일어남을 나타낼 때 사용한다. 하나의 주제에 대해 앞,뒤 내용이 서로 일관성을 가지고 있어야 한다. 'A/V-(으)ㄹ 뿐만 아니라'와 비슷한 표현이라고 할 수 있다.

주의 앞의 내용과 뒤의 내용이 일관성을 가지고 있어야 한다.

1-2 홍대 앞은 젊은 사람들이 즐길 만한 것들이 많아요

• 문법

1 V-(으)ㄹ 만하다

어떤 대상(물건, 사람, 장소 등)이 가치가 있어서 추천할 때 사용한다. 또한 완전히 마음에 드는 것은 아니지만 그런대로 괜찮을 때 혹은 어떤 것을 사용하기에 아직 괜찮을 때 사용한다.

참고 추천할 때는 'V-아/어 보다'와 결합하여 자주 사용한다.

2 V-는 김에

어떤 일을 할 때 기회가 되어서 원래 계획에 없는 일을 함께 하는 경우에 사용한다. 두 일이 거의 동시에 이루어지면 'V-는 김에'를 사용하고 앞의 일이 완료된 후 뒤의 일이 시작되면 'V-(으)ㄴ 김에'를 사용한다.

주의 앞의 일이 완료된 후에 뒤의 일을 할 때는 'V-(으)ㄴ 김에'로 써야 한다.

직업

2-1 졸업하는 대로 취직을 한다든가 유학을 간다든가 할 거예요

• 문법

1 V-는 대로

앞의 일이 끝난 후 바로 이어서 다른 행위를 할 때 사용한다. 미리 계획하거나 의도한 내용 등을 말할 때 쓰며 의도하지 않은 것이 우연히 일어날 때에는 쓰지 않는다. 앞의 일이 끝나고 곧 뒤의 행위가 시작된다는 것을 표현하기 위해 '바로'와 함께 쓰이는 경우가 많다. 'V-는 대로' 대신에 'V-자마자'로 바꾸어 쓸 수 있다.

주의 우연히 생긴 일에는 사용하지 않는다.

2 A-다든가 하다 V-ㄴ/는다든가 하다

선택이 가능한 여러 사실이나 조건 등을 나열할 때 사용한다. 여러 사실 가운데 하나라도 해당되는 경우를 의미한다. 'A/V-거나 하다'와 큰 의미 차이 없이 바꿔 쓸 수 있다.

주의 '하다'를 생략하지 않도록 한다.

2-2 선생님의 조언에 따라서 크리에이터가 되었으면 해요

• 문법

1 N에 따라(서)

어떤 기준으로 내용이 결정되거나 달라질 때 사용한다. 일부 명사 뒤에 '유무, 여부, 여하' 등의 어휘를 붙여 사용하기도 한다. '유무'는 어떤 물건이나 조건 등이 '있는지 없는지'를 나타내고 '여부'는 그것이 '맞는지 아닌지', 그것을 '할지 안 할지'를 의미한다. '여하'는 '정도가 어떤지'를 나타낸다.

주의 사람만을 단독으로 쓸 수 없고 말이나 조언, 충고 등과 함께 사용해야 한다.

2 A/V-았/었으면 하다

자신이나 타인이 희망하는 것을 말할 때 사용한다. 'A/V-았/었으면 좋겠다'가 자신의 희망만을 의미하는 것과 달리 나의 희망뿐만 아니라 다른 사람의 희망 사항을 말할 때에도 쓸 수 있다. 명사의 경우 'N이었으면/였으면 하다'와 같이 쓸 수 있다.

주의 작문을 쓸 때 품사에 상관없이 '한다'로 써야 한다.

3-1 너무 스트레스를 받은 나머지 잠을 못 잤어요

• 문법

1 A/V-(으)ㄴ 나머지

정도가 심한 앞의 내용이 원인이 되어 뒤의 결과가 생길 때 사용한다. 정도가 심함을 나타내기 위해 '너무, 심하게, 지나치게' 등과 함께 쓰이는 경우가 많다. 뒤의 결과는 주로 부정적일 때가 많으나 일반적으로 잘 일어나지 않는 일을 나타낼 때도 사용한다.

[주의] 앞의 내용이 원인이 되어 나타난 뒤의 결과가 긍정적일 때는 사용하지 않는다.

2 A/V-(으)ㄹ지도 모르다

어떤 상황에 대한 가능성을 추측하여 말할 때 사용한다. 추측하는 바에 대한 불확실성이 높아 주로 확률이 낮다고 생각하는 것을 이야기할 때 쓴다. 상황에 따라 말하는 사람의 걱정스러운 마음이 드러나기도 하는데 이때에는 그런 일이 생길 가능성이 있으므로 미리 대비해야 한다는 뜻을 포함한다. 'A/V-(으)ㄹ 수도 있다'와 큰 의미 차이 없이 바꿔 쓸 수 있다.

[참고] 이미 완료된 상황에 대해 추측할 때에는 'A/V-았/었을지도 모르다'의 형태로 쓴다.

[주의] '모르다'는 과거형으로 쓰지 않는다.

3-2 우유를 마시기만 하면 배탈이 나곤 해요

• 문법

1 V-기만 하면

어떤 일을 하거나 특정한 상황이 생기면 뒤의 행동이나 결과도 같이 나타날 때 사용한다. 앞의 사건이 발생하면 자동적으로 뒤의 행동이나 결과로 이어지는데 이때 선행절과 후행절 사이에 명확한 인과 관계가 있는 것은 아니다. 형용사와 같이 쓸 수 없고 동사와만 쓴다.

[주의] 인과 관계가 명확할 때는 사용하지 않는다.

2 V-곤 하다

오랜 시간에 걸쳐 같은 행동이 반복될 때 사용한다. 습관적인 행동을 나타내는데 그 행동이 현재까지 이어지면 'V-곤 하다', 과거에 종료된 행동이면 'V-곤 했다'와 같이 쓴다. 형용사와 같이 쓸 수 없고 동사와만 쓴다.

[주의] 미래 계획에 대한 서술 또는 명령이나 청유에 사용하지 않는다.

소통과 배려

4-1 두 사람 사이가 얼마나 나쁜지 서로 말도 안 해요

• 문법

1 V-는 둥 마는 둥 하다

어떤 행동을 해야 하는 상황에서 그 일을 제대로 하지 않고 대충 하고 있음을 말할 때 사용한다. 시간이 없거나 정신이 없는 상황일 때도 있고 하기 싫어서 제대로 하지 않음을 말할 때도 사용한다. 행동을 표현하므로 동사만 사용한다.

참고 동사의 미래형을 써서 미래 상황을 추측하는 의미로 사용할 수 있다.

2 얼마나(어찌나) A-(으)ㄴ지 / V-는지 (모르다)

어떤 상태나 정도가 대단함을 말할 때 사용한다. 대단히 좋으니 한번 해 보라고 권하거나 대상을 추천할 때에도 사용한다. 이 경우 주로 문장의 마지막에 쓴다. 한편 어떤 행동이나 상태의 정도가 지나쳐서 뒤의 상태나 상황이 됨을 말할 때에도 사용할 수 있다.

주의 (1) '모르다'는 과거형으로 쓰지 않는다.
　　　(2) 동사의 경우는 '열심히, 잘, 많이' 등 정도를 나타내는 부사와 같이 써야 자연스럽다.

4-2 옆집 사람들이 밤늦도록 떠들어 대서 힘들어요

• 문법

1 V-도록

시간의 정도를 말할 때 '그 정도의 시간이 되거나 지날 때까지'의 의미로 사용한다. 또한 '어떤 상태가 될 정도로'의 의미로 행위의 정도가 지나침을 나타낼 때에도 사용한다. 관용적인 표현과 함께 많이 사용된다.

2 V-아/어 대다

어떤 행동을 지나칠 정도로 반복하거나 계속할 때 사용한다. 그 행동을 부정적으로 평가할 때 주로 쓰므로 격식이 있는 상황에서는 사용하지 않는다.

주의 (1) 보통 일회성으로 끝나는 동사(가다, 오다, 결혼하다 등)는 사용하지 않는다.
　　　(2) 긍정적인 상황에서 사용하는 것이 어울리지 않는다.

5-1 지구 온난화가 심해진 탓에 기후 변화가 나타나고 있어요

• 문법

1 A-(으)ㄴ 탓에   V-는 탓에

앞의 내용이 원인이나 이유가 되어 부정적인 결과가 생겼을 때 사용한다. 외부적인 요인이나 의도하지 않은 사건에 의해 자신이 원하지 않는 결과를 얻게 되었을 때 주로 사용한다. 동사의 경우 과거형 'V-(으)ㄴ 탓에'로 사용하는 경우가 많다. 명사의 경우 'N인 탓에'로 사용하는데 문제의 원인을 직접적으로 지적할 때는 'N 탓에'를 쓴다.

> **비교** A-(으)ㄴ 덕분에   V-(으)ㄴ/는 덕분에
>
> 상대의 도움으로 긍정적인 결과가 생겼을 때 사용하는 표현이다. 주로 무엇에 감사하는 인사를 할 때 많이 사용한다. 도움을 준 대상을 직접적으로 언급할 때는 'N 덕분에'를 쓴다.

2 N조차

이미 알고 있는 어떤 것은 물론이고 아주 기본적이고 간단한 것까지 모두 포함해서 말할 때 사용한다. 부정적인 상황이나 부정문에서 주로 사용한다. 또한 'A-(으)ㄴ/V-는 것', 'A-(으)ㄴ지/V-는지', 'V-(으)ㄹ 수' 등의 문법 형태 뒤에도 결합하여 사용할 수 있다.

5-2 일회용품을 계속 사용하다가는 환경오염이 심해질 게 뻔해요

• 문법

1 V-다가는

현재의 일이나 상황이 계속되면 부정적인 결과가 생길 수 있음을 말할 때 사용한다. 걱정스럽게 지켜보던 상황이 오랜 시간 지속된 상태일 때 사용하므로 '이렇게, 저렇게, 그렇게', '계속' 등의 표현과 함께 사용하는 것이 자연스럽다. 후행절에는 부정적인 상황에 대한 예측을 나타내기 위해 'A/V-(으)ㄹ 것이다', 'A/V-(으)ㄹ지도 모르다/모르겠다', 'V-는 수가 있다' 등의 표현과 어울려 쓴다. 'V-지 않다가는'을 사용해서 어떤 일을 하지 않으면 부정적인 결과가 생길 수 있음을 말할 때도 사용한다.

2 A/V-(으)ㄹ 게 뻔하다

이전의 상황이나 그동안의 경험을 통해 생각해 봤을 때 직접 확인하지 않아도 그러한 결과가 나타날 것임을 확신할 때 사용한다. 앞으로 일어날 상황을 나타내는 추측 표현이므로 주어의 의지로 결정되는 일에는 사용하지 않는다. 과거나 완료 사실에 대해서 추측할 때에는 'A/V-았/었을 게 뻔하다'의 형태를 사용한다.

> **주의** 주어의 의지로 결정되는 일에 사용하지 않는다.

Chapter 06 정보화 사회

6-1 일을 하면서 아이를 셋이나 키우다니, 대단해요

• 문법

1 V-(으)ㄴ 채(로)

앞의 행동이 끝나고 그 상태가 지속되는 상황에서 다음 행동이 일어날 때 쓰는 표현이다. 앞의 상태와 뒤의 행동이 조화롭지 않다고 생각되는 부자연스러운 상황이나 일반적이지 않은 상황, 기대하지 않은 상황 등에 쓰는 경우가 많다. 'V-(으)ㄴ 상태로'로 바꾸어 쓸 수 있다.

주의 당연한 일에는 사용하지 않는다.

2 A/V-다니

예상하지 못한 일을 알게 되거나 경험하고 나서 그에 대한 놀라움이나 아쉬움, 감탄 등을 표현할 때 사용한다. 어떤 사실을 깨닫고 그에 대한 자신의 의견이나 평가를 덧붙여 말하는 경우가 많다.

참고 덧붙이는 말 없이 그 사실에 대한 놀라움을 강조하여 느낌표(!)를 사용하여 문장을 마치기도 한다.

6-2 사실이 아닌데도 사실인 것처럼 이야기해요

• 문법

1 A-(으)ㄴ데도 V-는데도

앞의 상황이나 행동에 관계 없이 뒤의 일이 있을 때 사용한다. 앞의 상황이 뒤의 일에 영향을 미칠 만한 조건인데 그와 상관없이 뒤의 결과가 발생할 때 쓰는 표현이다.

주의 과거형을 쓸 때는 'A/V-았/었는데도'를 쓴다.

2 A-(으)ㄴ 듯하다 V-는 듯하다

추측이나 의견을 조심스럽게 표현할 때 사용하는데 약간 격식적인 느낌을 준다. 'A-(으)ㄴ 것 같다', 'V-는 것 같다'가 평상시에 쓸 수 있는 구어적인 표현이라면 위의 표현은 구어와 문어로 모두 쓸 수 있으나 약간 문어적인 표현이라고 할 수 있다. 시제에 따라 'A-(으)ㄹ 듯하다', 'V-(으)ㄴ/(으)ㄹ 듯하다'로 쓸 수 있다.

참고 뉴스의 제목이나 가까운 사람에게 보내는 메시지 등에 '하다'를 없앤 짧은 형태로 쓰기도 한다.

MEMO